AF502919

ÉDUCATION MORALE ET CIVIQUE

BIBLIOTHÈQUE DE LA JEUNESSE FRANÇAISE

PREMIÈRE SÉRIE

18024

L 27 n 32110

EN VENTE A LA MÊME LIBRAIRIE

Dans la même collection

PREMIÈRE SÉRIE

1° **Jeanne d'Arc,** par Henri Martin, sénateur, membre de l'Académie Française;

2° **La République des États-Unis,** par H. Maze, de l'École Normale supérieure, député;

3° **Les Généraux de la République, Kléber,** par le même;

4° **Colbert,** par Augustin Challamel, auteur des Mémoires du peuple français ;

5° **Carnot,** par H. Depasse, publiciste;

6° **Les Petits Maraudeurs,** par Aubin, ancien professeur de l'Université;

7° **Droits et devoirs de l'Homme,** par H. Marion, professeur de philosophie au Lycée Henri IV;

8° **Les Généraux de la République, Hoche,** par H. Maze.

CARNOT

PAR

H. DEPASSE

R.F

CARNOT

CARNOT

BIBLIOTHÈQUE NATIONALE
R.F.
IMPRIMÉS

PAR

H. DEPASSE

PUBLICISTE

PARIS
LIBRAIRIE CENTRALE DES PUBLICATIONS POPULAIRES
E.-H. MARTIN, DIRECTEUR
45, RUE DES SAINTS-PÈRES, 45
1880

TOUS DROITS RÉSERVÉS.

A LA JEUNESSE FRANÇAISE

Ce petit livre a été composé pour vous. On y voit les travaux d'un loyal soldat et d'un grand citoyen, la Révolution française fixée pour toujours, la France triomphante, puis abattue.

Jeunes Français, vos pères ont traversé bien des épreuves : celles qui vous attendent ne seront pas moindres. Préparez votre cœur aux combats inévitables par la méditation assidue des exemples que nous ont laissés les armées et les assemblées de la Révolution.

H. D.

CARNOT

(1753-1823)

Entre Autun et Beaune, sur un fond de rochers et de laves aujourd'hui recouvert de jardins et de vignes, se tient la petite ville de Nolay. D'un côté, elle regarde l'austère pays du Morvan, de l'autre la riante Bourgogne ; elle semble avoir pris ce qu'il y a de meilleur dans les qualités morales de l'un et de l'autre. Les habitants de ce coin de terre se sont de tout temps, dit-on, particulièrement aimés et entr'aidés ; ils ont la franchise, la loyauté, une énergie virile jointe à une aimable bienveillance, et une heureuse disposition à jouir modérément des biens de la vie.

Sur la place de Nolay, on voit une maison précédée d'une terrasse disposée en parterre de fleurs et entourée d'un mur d'appui. Côte-à-côte s'élève une autre habitation, de moindre apparence, avec un balcon de fer, orné de trois merlettes sur un écusson. Ce manoir était celui du notaire Claude Carnot; l'autre appartenait aux parents de Marguerite Pothier, dont un oncle avait été premier échevin du bourg de Nolay. Marguerite épousa son voisin le tabellion, et, pour réunir les deux familles, on ouvrit une porte dans le mur mitoyen.

C'est dans cette commune et dans cette maison que Lazare-Nicolas-Marguerite Carnot naquit le 13 mai 1753, un dimanche, sur les quatre heures.

La mère de Carnot semble avoir été d'une complexion douce et tendre; elle se maria très-jeune; elle avait une belle taille et une charmante figure, les yeux bleus, le nez aquilin. Le père de Carnot était grand et robuste, infatigable marcheur, d'une activité à toute épreuve. On nous le montre levé avant l'aube, parcourant tout le pays pour remplir les devoirs de sa charge et soutenir la dépense d'une maison pleine d'enfants : il en eût jusqu'à dix-huit, quatorze garçons et quatre filles [1]. Bourgeois et paysans d'alentour viennent à lui, avec leurs affaires, leurs procès; on le sait fin et habile autant que discret et serviable. Il n'est pas seulement notaire, il est juge, avocat; sage

[1] Voir les mémoires de Carnot par son fils, 4 vol. — Nous avons fait de larges emprunts à ces mémoires dans lesquels les sentiments de famille s'unissent à une haute impartialité philosophique et politique.

administrateur des biens des autres comme des siens. Il faut retenir tous ces traits de famille : ils vont nous aider à comprendre la vie et le caractère de celui qui fut appelé le grand Carnot.

Après avoir grandi dans la maison de Nolay, sous la direction paternelle, le jeune Lazare fut envoyé à Autun, au collége des Oratoriens, et de là au séminaire. Il s'y fit remarquer par son caractère sérieux et grave, souvent hardi, animé d'une juvénile confiance en soi-même. Il témoignait d'un goût ardent pour la philosophie et les mathématiques.

A seize ans, il part pour Paris, la tête pleine de rêves. Il va voir la ville de l'avenir et de la gloire, qui se préparait à mettre au jour la révolution. L'école de Longpré le reçoit et le présente, deux ans après, à l'école du génie de Mézières où il entre avec le grade de lieutenant en second. D'Alembert qui fréquentait la maison de Longpré et qui souvent se plaisait à s'asseoir au milieu des élèves, avait remarqué, encouragé le jeune Carnot ; à Mézières, un autre puissant géomètre, Monge, éprouve une vive amitié pour lui dès qu'il paraît : heureuses rencontres, précieux commerces dans lesquels se forment les talents.

Nous ne suivrons pas le récent officier dans ses garnisons à Calais, au Hâvre, à Béthune, à Arras, pendant les seize années qui nous séparent encore du grand réveil. Disons seulement qu'il mena la vie la plus studieuse, l'esprit ouvert de tous les côtés, à la politique, à l'histoire, aux sciences, se cherchant et se découvrant en quelque sorte lui-même, comme la France se cherchait alors, qu'il commença à se pénétrer de l'esprit nouveau, qu'il se fit remarquer par de vives protestations contre la routine des bureaux et contre l'arbitraire de leurs chefs. Sa fougue de jeune homme lui fit un jour commettre une faute et sa bonne fortune voulut que cette faute le servît au lieu de lui nuire. Ayant quitté son poste, sans permission, pour tirer l'épée contre un rival, il fournit à ses ennemis un trop juste prétexte de le jeter dans la prison militaire de Béthune. A quelque temps de là, le prince Henri de Prusse, dans un voyage en France, voulut visiter nos places du Nord fortifiées par Vauban. On ne trouva pas de meilleur guide à lui donner et qui nous fit plus d'honneur, que le capitaine Carnot. Il fallut le tirer de sa prison. Il en sortit comme un triomphateur ; Béthune illumina : dès ce moment son élection de député était faite.

Des divers ouvrages de Carnot, pendant cette période, le plus important, celui qui exerça le plus d'influence sur sa destinée, est l'*Éloge de Vauban*, couronné par l'Académie de Dijon.

Il est déjà tout entier dans cet écrit, ont dit

ses biographes. Il s'y montre en effet opposé à toute guerre de conquête et d'agression, préoccupé surtout de la défense des places ; la gloire militaire ne lui paraît pas être d'attaquer et de vaincre, mais de protéger victorieusement les droits menacés. Dans la défense même, il choisit comme Vauban *les voies les moins sanglantes* ; il fait de la modération, de l'honnêteté, les premières vertus du soldat. Tel restera toujours ce grand esprit, si profondément humain, foncièrement indulgent et bon comme la Révolution elle-même.

« Né pour exercer un art destructeur, dit-il, le plus grand soin de Vauban fut toujours la conservation des hommes. Toutes ses idées, toutes ses maximes étaient pour ainsi dire imprégnées de cet esprit de bonté qui faisait son caractère. Il ne cessait de recommander la modération ; il ne pouvait supporter qu'on détruisît les édifices et qu'on tirât sur les maisons des villes assiégées ; il parlait avec complaisance des places d'armes qu'il avait imaginées, parce-qu'elles contribuent plus que toute autre chose à épargner les troupes, en les dérobant à la vue de l'ennemi. » Et ailleurs : « Aux yeux du militaire philosophe et citoyen, son état n'est pas celui de la licence et des passions ; c'est celui de la peine, des sacrifices, de la privation, de l'austérité. »

Tel est l'esprit militaire de la Révolution, le plus pur esprit militaire qui ait paru dans le monde. Quel changement un siècle après l'apparition de ces grands principes ! On a vu de nouveau le massacre, le pillage et l'incendie pratiqués comme la véritable méthode de guerre.

Carnot n'est pas seulement un grand et noble soldat de la Révolution, il est un de ses plus grands citoyens, généreux ami du progrès, plein de foi dans l'extension indéfinie du bonheur par le travail et la justice.

« Quel doit être l'objet du gouvernement, dit-il encore dans son éloge de Vauban, sinon d'obliger au travail tous les individus de l'Etat? Et comment les y déterminer, si ce n'est en faisant passer les richesses des mains où elles sont superflues dans celles où elles sont nécessaires? En fournissant à l'un les moyens de travailler, en privant l'autre des moyens de rester oisif? Mais lorsque des impositions produisent un effet contraire, lorsqu'elles ôtent à celui qui a trop peu pour donner à celui qui a trop, lorsque l'opulence est un titre d'exception, lorsqu'on arrache au pauvre cultivateur le pain trempé de sueur qu'il allait partager avec ses enfants, que doit-on attendre de ce monstrueux système, si ce n'est de dépeupler les campagnes, de semer la haine et la jalousie entre les citoyens...... »

Au moment d'entrer dans la politique, Carnot, déjà rendu sérieux par l'étude, acheva d'asseoir solidement sa vie; il se maria, fonda une famille.

L'histoire de ce mariage est charmante. Carnot Feulins ou le jeune, devenu comme son frère capitaine de génie, venait de se marier à Saint-Omer, lorsque Carnot l'aîné fit une chute assez grave et se blessa à la jambe. Feulins fit transporter son frère dans la maison de son beau-père où il habitait lui-même. La sœur aînée de sa jeune femme s'assit au chevet du malade; tantôt elle chantait au piano pour le distraire, pendant qu'il écrivait des couplets, (car il était poète à ses heures;) tantôt elle s'efforçait de tenir tête dans le savant jeu de tric-trac au futur *organisateur de la victoire*. Tout alla si bien que la santé se hâta de revenir et l'amour vint avec la santé. Le mariage suivit de près la guérison.

Elus par leurs villes de garnison députés à l'assemblée législative, les deux frères vont paraître maintenant sur la scène publique. Ils vont faire partie de l'histoire.

La fièvre guerrière commençait à courir dans les veines du pays. Déjà mûr, plus froid que son âge, — il avait trente-six ans — Carnot allait toucher au pouvoir dans le moment même où ses puissantes facultés d'organisation semblaient le plus nécessaires au salut de la patrie.

L'assemblée législative était née d'une pensée de guerre ; la France qui allait à la guerre et à la République, envoyait du midi les orateurs belliqueux ; du nord le calculateur, le directeur des armées. Ils arrivaient à Paris par leurs routes diverses, les Vergniaud, les Guadet, les Gensonné, les Ducos, les Fonfrède, les Cambon, les Carnot, chacun pour son rôle, poussés sans le savoir vers la guerre et vers la République.

Le timide paysan de la monarchie féodale se sentait tout d'un coup soldat et citoyen, et les villages forgeaient des piques bien avant que Carnot en proposât l'usage et la fabrication.

La France de cette grande époque avait au plus haut degré le génie inventif et divinateur. La préparation de la guerre inévitable, le programme de la révolution, inscrit dans les cahiers de 89, tout lui appartient, tout est sorti de ses entrailles. Plus vous étudiez son histoire, plus vous admirez sa vertu d'initiative ; et plus vous approfondissez, plus les sources de cette vertu intarissable s'éloignent, se perdent et se dispersent dans les profondeurs du pays.

A Paris, au moment où Carnot y arrive, tout est en suspens. Dans les cercles politiques, chacun tourne sur soi-même sans avancer. L'assemblée constituante, qui, la première, a défini dans un acte législatif les droits de l'homme et du citoyen et qui a posé les assises politiques de la civilisation moderne, la grande constituante vient de finir dans des essais de transaction impossibles à réaliser.

Ce n'est plus la monarchie et ce n'est pas

encore la République. Un roi fugitif et rebelle, a été rétabli par une assemblée qui ne croit plus à la royauté. Les guides politiques, Danton, Robespierre, hésitent, s'attendent les uns les autres, attendent le pays. A l'horizon, on entend rouler les premiers grondements de la guerre.

Arrivé de sa province, dans un tel moment, Carnot se met dès l'abord sur la défensive. C'était le premier mouvement de sa nature sérieuse et grave, de son esprit profondément imbu du respect des lois morales. Il cherchait attentivement le devoir pour l'embrasser avec réflexion et ne s'en séparer jamais.

Nous ne le rencontrons dans aucun des lieux où s'agitent les questions du jour et où se prépare la renommée, ni aux Jacobins, où il mit une fois le pied et ne reparut plus, ni chez les Roland, ni dans le salon de Condorcet, ce foyer de la République. Il se concentre dans la vie de famille, dans le travail.

A l'occasion des troubles de Perpignan, ayant pris la parole dans l'Assemblée pour demander la démolition de la partie des remparts de la citadelle qui est tournée du côté de la ville, il avait été violemment interrompu ; le lendemain dans un écrit distribué à ses collègues, il s'exprimait en ces termes : « Une citadelle est une monstruosité dans un pays libre, un repaire de tyrannie contre lequel doivent s'élever l'indignation des peuples et la colère des bons citoyens.. Voilà, mes collègues, ce que c'est qu'une citadelle ; voilà les vérités que vous n'avez pas voulu entendre. Eh ! comment aurais-je été appuyé ? Je suis militaire, je parle peu et je ne veux être d'aucun parti. »

Il voulait dire d'aucune coterie, car il faut toujours être d'un parti, et il était en effet très-profondément et sincèrement du grand parti républicain qui, sans avoir encore la parfaite conscience de soi-même, vivait et grandissait en France. C'était assez pour un homme qui n'avait point mission de constituer la République, mais qui devait élever autour de ceux qui la fondaient le rempart de ses victoires.

Nourri des grecs et des romains, il allait spontanément vers les formes républicaines ; il se faisait un idéal de vertus civiques qu'il eût voulu réaliser par des lois, mais, pour le moment, ayant juré d'être fidèle à la Constitution, il s'y tenait avec scrupule ; il ne poussait pas de pointes aventureuses au delà. Il ne songeait qu'à améliorer cette Constitution, à fondre les éléments incompatibles qui s'y trouvaient afin de pouvoir la mettre réellement en pratique. Ces hommes généreusement épris de la sainteté de leur serment et du culte de la légalité, si conservateurs dans leurs plus fières audaces, rêvaient de conserver dans leur République l'institution de la royauté.

La cour devait elle-même se charger de dissiper ces rêves. Le gouvernement conspirait contre la Constitution, préparait la rupture du pacte établi ; le pouvoir exécutif refusait d'exécuter la loi.

Carnot indigné s'écria devant l'assemblée : « La nation est là, qui veut la liberté, qui veut l'égalité, qui veut la Constitution toute entière, et qui ne souffrira pas que, ni par le fait des armes, ni par les voies obliques d'une politique tortueuse, un seul mot en soit effacé. »

Carnot, comme il le dit lui-même, parlait peu ; il ne put cependant s'empêcher de prendre encore la parole pour flétrir la conduite des nobles qui désertaient la patrie, soulevaient l'Europe contre nous et ouvraient à l'invasion la terre française, héroïquement défendue par des gens qui n'en possédaient point une parcelle et qui mouraient pour son intégrité.

« La Constitution, dit-il, n'a pas exigé que vous ayez des preuves légales pour mettre un homme en état d'accusation ; si telle avait été sa pensée, elle aurait fait de vous un tribunal. Il suffit que vous ayez une conviction morale pour rendre un décret d'accusation. Or, qui de vous doute que les princes français qui se mettent à la tête de la révolte armée ne soient coupables ? Quiconque abandonne la mère-patrie pour aller lui chercher des ennemis à l'étranger est un traître contre lequel on ne saurait trop sévir. »

Après ces rares manifestations d'un esprit éminement sincère, que toute atteinte au devoir et à la justice faisaient sortir hors de lui-même, Carnot rentrait dans son studieux silence.

Membre du comité d'instruction publique, des comités diplomatique et militaire, il travaille sans relâche, se préparant et se développant pour rendre à son pays les grands services dont il se sent capable. Il ne connaît qu'un chemin, celui qui mène de l'Assemblée à sa maison de la place du Carrousel et plus tard de la rue Saint-Florentin. Ainsi se passent pour lui la fin de cette année, 1791, toute la suivante et le commencement de la troisième, à l'écart de la politique, dans une continuelle étude, interrompue seulement par quelques missions auprès des armées.

L'assemblée envoie sa réponse aux députés de l'Europe qui arrêtent dans leurs congrès les plans du démembrement de notre patrie ; elle déclare la guerre à l'Autriche avec une grandeur d'âme dont l'accent était jusqu'alors inconnu dans le monde.

« Moments augustes ! s'écrie Vergniaud, quel est le cœur glacé qui ne palpite, l'âme froide qui, parmi l'acclamation de la joie de tout un peuple, ne s'élève jusqu'au ciel, ne se sente grandir par l'enthousiasme au-dessus de l'humanité ? » Et Merlin de Thionville : « Votons la guerre aux rois et la paix aux nations ! »

Condorcet : « La France ne veut nulle conquête, elle n'attaque la liberté d'aucun peuple ! ». Paroles sincères, profondément vraies, toutes animées du génie de la Révolution qui ne veut d'autre conquête que la liberté pour tous et l'émancipation du genre humain.

Il y a quelque chose de plus révolutionnaire peut-être que ces paroles, c'est le silence de Carnot. Celui qui devait conduire la guerre avec une incomparable supériorité, la vota malgré lui, comme un strict et rigoureux devoir. Quoi de plus sublime? Quoi de plus nouveau ! Avoir en même temps le génie et la haine des batailles, se sentir capable de vaincre, et décréter le combat sans aucune préoccupation de gloire personnelle, froidement, silencieusement, dans le but unique d'assurer la paix et la liberté du monde, n'est-ce pas à ces traits qu'il faut reconnaître le soldat de la civilisation ?

Comme le pouvoir d'exécuter les lois de la République avait été laissé à des magistrats qui n'en voulaient que la destruction et la ruine, la direction de la guerre appartenait à des officiers qui ne souhaitaient que la défaite. Les volontaires accourus à la défense de la patrie étaient abandonnés au hasard, sans fusil, quelquefois sans vivres. Nous avons revu la honte et l'horreur de ce désarroi.

Le 28 et le 29 avril 1792, Biron sur la route de Mons, Dillon sur la route de Tournai sont victimes d'une panique. La cavalerie aristocratique de Dillon avait passé sur le corps de son infanterie en criant à tue-tête : sauve qui peut! Les volontaires débandés avaient pris la fuite, puis, furieux de leur peur et de la trahison de la cavalerie, ils avaient massacré leur général. Carnot fut chargé de l'enquête : il la fit avec autant de tact que de patriotisme. Il s'efforça de relever le moral des troupes en même temps qu'il demanda et obtint une pension pour la veuve du malheureux Dillon.

Nous enjambons les événements les plus considérables, nous ne cherchons et suivons que Carnot. L'impatience nous presse de le voir dans le plein et parfait développement de ses facultés et de sa fortune, organisant à la fois les quatorze armées de la République et refoulant de toutes parts l'Europe vaincue et consternée.

Elu l'un des douze commissaires que l'Assemblée envoya aux armées, le 10 août, à la chute définitive du pouvoir royal, Carnot partit pour l'armée du Rhin avec Coustard et Prieur, de la Côte-d'Or. Ils avaient mission d'exiger des autorités civiles et militaires leur franche et loyale adhésion au nouvel ordre de choses qui commençait ou, selon toute justice, leur démission immédiate.

Ils furent reçus avec acclamations aux camps

de Biron, de Kellermann, de Custines. Quelques officiers, Victor et Joseph de Broglie, Caffarelli, ayant refusé l'obéissance, furent suspendus, ce dernier pour bien peu de temps. Il allait devenir l'un des héros de nos armées.

A Strasbourg, ville municipale, ardemment patriote, mais ombrageuse, fière de ses antiques priviléges et remplie de passions diverses, sur les confins de deux grands empires, l'agitation des esprits était vive. Une partie du conseil municipal avait, disait-on, formé le projet d'arrêter les commissaires. Cependant Carnot et ses collègues sont accueillis au son des canons et des cloches; les femmes jetaient des fleurs sur leur passage ; la vaillante cité se pressait autour des représentants de la France, et de toutes parts elle faisait entendre ces cris qu'on n'y entend plus depuis bientôt dix ans : « Vive la liberté, vive l'égalité, vive la patrie ! »

Carnot, après cette réception, inclinait à laisser tomber dans l'oubli la tentative de rébellion du conseil municipal. Mais le peuple semblait disposé à anéantir les conspirateurs, si on ne prévenait sa vengeance par une justice plus douce.

Pour éviter un désastre, les représentants convoquèrent les autorités de Strasbourg dans la grande salle de l'hôtel de ville, et Carnot dit d'un ton sévère : « nous sommes instruits que l'ordre d'arrêter les commissaires de l'Assemblée nationale, à leur entrée dans Strasbourg, a été signée par un certain nombre de personnes appartenant au conseil municipal. Secrétaire, faites connaître cet ordre et le nom de ses auteurs. »

La lecture achevée, Carnot prononça, au nom du gouvernement, la destitution des signataires ;puis il invita ceux qui demeuraient membres du conseil à combler par de nouveaux et libres choix les vides qui venaient d'être faits dans leurs rangs.

Il revenait à Paris, heureux du plein succès de sa mission, pendant que la France procédait aux élections générales pour la nomination d'une assemblée souveraine, chargée de faire un gouvernement et d'assurer le salut de la patrie. Le département du Pas-de-Calais nomma Carnot député à la Convention.

La République que la France, depuis des siècles, préparait silencieusement, dans le travail et le servage, était devenue, après la fuite de Varennes et la désertion de la royauté, le gouvernement nécessaire de notre pays. Elle fut décrétée le 21 septembre, aux salves des canons qui célébraient la victoire de Valmy. Le 23 septembre, sans perdre une heure, l'assemblée désigna six de ses membres pour aller aux Pyrénées refaire ou plutôt créer l'organisation militaire.

Carnot partit pour Bayonne avec Garrau (de Sainte-Foy) et Lamarque. Dans les diverses missions où nous l'avons déjà rencontré, Carnot avait presque toujours l'initiative et la direction. Ses connaissances spéciales, sa nature laborieuse, la clarté et la fermeté de son style le désignaient pour la rédaction des rapports qui étaient envoyés aux assemblées nationales ; les siens étaient à Paris l'objet d'une attention particulière et ils obtinrent plusieurs fois de grands succès. Sa mission sur le Rhin avait achevé de le mettre en lumière. Sa mission aux Pyrénées fut un événement.

Là, plus que partout ailleurs, tout était à faire, tout manquait, artillerie et munitions, vivres et habillements. Quelques soldats postés dans des ruines de fortification gardaient seuls les frontières de la France.

Dans l'administration civile, dans les tribunaux, même désordre, même abandon. Les commissaires, avec la grande sollicitude patriotique de ce temps, portèrent l'œil et la main partout, organisèrent la garde-nationale, relevèrent les forteresses, créèrent une légion des montagnes, composée de miquelets, habiles à combattre dans les rochers et les ravins, restaurèrent les hôpitaux et les casernes, établirent une école d'artilleurs, étudièrent à fond l'état du pays, ses ressources et ses besoins, son industrie et son agriculture.

Nous voudrions pouvoir citer tout entier le rapport de Carnot sur cette mission. Son souci des choses militaires dans l'ensemble comme dans les plus menus détails est toujours admirable. Il ne faut pas louer moins son zèle toujours attentif au bien-être des populations, à l'instruction de la jeunesse, à l'exacte répartition de la justice.

« Une vérité frappante en matière de subsides, dit-il, c'est que la contribution doit être proportionnelle, non pas à la fortune des citoyens, mais à leur superflu. Il n'y aura ni justice, ni égalité, tant que pour payer l'imposition, il faudra que l'un donne le quart de sa subsistance, tandis que l'autre en sera quitte pour avoir un laquais de moins. Soyez certains, citoyens, que les agitations du peuple n'ont jamais au fond qu'un seul but, celui de se délivrer du fardeau des impositions, et que les raisonnements les plus subtils ne l'étourdiront pas sur ce principe que celui-là ne doit rien, qui n'a que le strict nécessaire. »

Cet homme de guerre, au milieu des préoccupations d'une guerre sans pareille, dit encore : « Citoyens, nous vous avons rarement écrit sans vous parler des besoins de l'instruction publique. Une génération nous suit, dont l'éducation est abandonnée depuis trois ans. Pour peu qu'on tarde encore, elle ne sera plus en état de jouir du bienfait de la liberté. Déjà de nouveaux préjugés semblent prendre la place de ceux qu'on a détruits... L'éducation nationale peut seule inspirer l'amour ardent et éclairé de la patrie, la piété filiale, le goût de la simplicité, le sentiment de la bienveillance et le respect pour les mœurs. »

La Convention, pendant l'absence de Carnot, avait pris en main le procès du roi. Appelé à donner son vote, Carnot le fit en ces termes :

« Dans mon opinion, la justice veut que Louis meure et la politique le veut également. »

La justice marche toujours la première devant Carnot, la politique vient après. — « Jamais, je l'avoue, devoir ne pesa davantage sur mon cœur. » — Sincère regret dans la bouche de cet homme qui fut la loyauté même. — « Mais je pense que pour prouver votre attachement aux lois de l'égalité, pour prouver que les ambitieux ne vous effrayent point, vous devez frapper de mort le tyran. »

Carnot, au déclin de sa vie, non loin du tombeau, médita sur la sentence de mort qu'il avait rendue, et, dans tout le calme d'une conscience épurée encore, qui avait terminé son éducation morale dans le malheur et dans l'exil, il confirma son jugement.

« En tout pays, écrit-il, on condamne ceux qui conspirent contre l'Etat. Les souverains ne font-ils pas mettre à mort ceux qui conspirent contre eux? Le peuple, le vrai souverain, n'aurait-il pas le même droit ? Le manifeste de Brunswick a été l'arrêt de Louis XVI... Louis XVI a commis le plus grand crime dont un roi puisse se rendre coupable, celui de livrer son pays à l'étranger. Malgré cela, il eût été sauvé si la convention n'eut pas délibéré sous les poignards. »

Ce dernier mot signifie-t-il que la crainte ait pesé sur la décision de ces hommes imperturbables? Qui le croirait? Cela signifie que l'assemblée souveraine ne pouvait faire de son droit de grâce un usage que ses ennemis eussent taxé de lâcheté.

Après ses missions sur le Rhin et aux Pyrénées, Carnot, investi d'une confiance toujours croissante, fut envoyé en inspection dans le Nord.

Il eut à cette occasion deux chances qui devaient singulièrement servir à avancer sa fortune. Dabord il fut absent de Paris au 31 mai, alors que sa modération, sa franchise, ajoutons son inexpérience politique, l'eussent exposé aux périls extrêmes ; et puis il eut cet autre bonheur d'être absent du camp de Dumouriez, quand le traitre arrêta et livra aux ennemis les commissaires de la convention.

Carnot avait été invité à rejoindre à Lille Camus, Lamarque, Quinette et Bancal qui devaient porter à Dumouriez la sommation de se rendre à la barre de l'assemblée.

Il était alors à Arras, la lettre lui arriva trop tard : il apprit en chemin l'arrestation de ses collègues. C'est lui qui en annonça la nouvelle à la Convention. « J'ai dû au détour que j'ai fait par vos ordres, écrit-il le 3 avril, de ne pas subir le sort de mes collègues. J'avais prévu la trahison de Dumouriez, je l'avais dite. Il faut à présent un autre général et je propose Dampierre. Sa tâche sera difficile, mais nous l'aiderons. Ayez à prendre une prompte décision. »

Le 6 avril, il annonce que l'ordre est rétabli, le péril conjuré. On sait de quelle faveur Dumouriez avait été l'objet après Valmy, après Jemmapes. Carnot écrit à la Convention ces sages paroles dont nous devons nous souvenir toujours : « Cette nouvelle trame n'aura servi qu'à l'humiliation des traîtres, et la République en aura tiré le plus grand de tous les avantages si cet événement peut enfin guérir les français de leur idolâtrie pour les individus et du besoin d'admirer sans cesse. »

Il continue ensuite de visiter les postes de la frontière, avec le représentant Duquesnoy ; il forme un camp à Gyvelde pour protéger Dunkerque, que l'Angleterre veut nous ravir ; il en établit un autre sur le mont Cassel pour protéger les voies de communication entre Dunkerque et Lille.

L'armée du nord était tombée dans une grande licence et confusion. Carnot s'efforce de rétablir la discipline, et, pour relever l'esprit du soldat, il lui offre un succès à sa portée, la prise de la petite place de Furnes, au bord de la mer.

Parti de Bergues le 30 mai, il arriva devant Furnes le 31 à six heures du matin. Après deux heures d'un feu très-vif, il emporta la place, à la tête des colonnes, avec son frère Carnot-Feulins, alors chef de bataillon du génie. Cette campagne finit assez malheureusement. Les généraux O'Moran et Custines n'exécutèrent pas les plans de Carnot. Nos premiers avantages furent perdus ; Valenciennes tomba au pouvoir de l'ennemi.

Il était temps que Carnot eut le droit de donner des ordres aux généraux en chef et non plus seulement des conseils ; qu'il les animât de son intelligence et de sa volonté, affermît les incertains, éclairât les ignorants et communiquât aux hommes et, pour ainsi dire, à la guerre elle-même les élans de son propre cœur.

Les chefs des armées anglaise et autrichienne, York et Cobourg, avaient changé tout d'un coup leur lenteur en promptitude, leur mollesse en résolution, leur rivalité en concorde, et, poussés en avant par la fureur des émigrés, ils allaient droit sur Paris. Ils avaient laissé Cambrai et déjà touchaient Saint-Quentin. Sans s'occuper des places ils marchent toujours ; nous évacuons La Fère. La patrie est en péril.

Il fallait un gouvernement : Danton l'avait dit. Il fallait que la fière et inquiète assemblée remît tout pouvoir à son comité de salut public ; il fallait que ce comité, divisé dans son sein, dévoré de passions politiques, eût une seule volonté et une seule âme ; il fallait enfin que ce gouvernement civil, appelât à lui un soldat, et l'établît, les yeux fermés, directeur de la guerre.

Trois prodiges, tous trois nécessaires au salut de la patrie ; ils se firent tous trois avec une prodigieuse facilité.

L'homme le plus léger du comité, Barère, proposa le sérieux et solide Carnot. La hardiesse n'était pas petite ; la Gironde venait de périr et Carnot, du Nord où il inspectait nos places, avait envoyé aux Girondins des témoignages de sa sympathie. Il avait protesté contre le 31 mai dans une lettre à la Convention. Le comité accepta cependant le choix de Barère. Robespierre lui-même y souscrivit, tant le patriotisme était alors le maître absolu de la politique, la loi supérieure des volontés.

Le comité, le 11 août, investit Carnot de la direction suprême des affaires du Nord ; le 14 il se l'adjoignit, le fit entrer au cœur du gouvernement, lui mit dans les mains la guerre entière, c'est-à-dire la France et la République. Prieur de la Côte-d'Or, l'ami de Carnot, avec lui en mission dans le Nord, lui fut donné comme collègue.

Prieur et Carnot étaient deux hommes de même trempe, tous deux militaires, d'une égale loyauté, pareillement droits, purs et vaillants.

Ils avaient une autre ressemblance bien remarquable : ces deux soldats étaient foncièrement ce que l'on appelle des civils ou des bourgeois. Leur tournure, leur caractère, leur manière d'être et de vivre n'avaient rien de soldatesque. C'étaient bien des hommes nouveaux, de vrais soldats de la démocratie républicaine.

Nous touchons au moment le plus glorieux de la vie du grand Carnot. Jamais gouvernement ne s'était trouvé dans une situation plus critique et n'avait paru si près de la ruine. On pouvait en dire autant de la patrie elle-même. La France paraissait perdue, elle fut sauvée, c'est elle-même qui fit son salut sans doute, à force de patriotisme et de courage, mais de tous les instruments particuliers qui l'y aidèrent, le plus puissant, à cette époque, fut la pensée de Carnot.

La tâche de Carnot est au-delà des forces humaines: il suffit à tout. C'était la loi de ce temps que chacun se surpassât : cette loi impossible eut son application quotidienne dans toutes les volontés. L'héroïque fut l'ordinaire et le sublime fut le commun, à la portée de tout le monde.

Carnot est partout à la fois, le soir encore sur le champ de bataille et dès l'aube, dans son bureau, à Paris étudiant les affaires, écrivant à toutes les armées. On ne peut le suivre dans les mouvements de cette féconde agitation : à tout instant il se dérobe; il nous échappe, incognito, comme il faisait à ses commis et à ses officiers.

La France est un camp, Paris un atelier d'armes. Les forges en plein air, sur l'esplanade des Invalides, dans le jardin du Luxembourg, animent tous les citoyens de leur brûlante activité. Mais le plus brillant foyer de cette vie universelle, c'est encore le cœur de Carnot.

Plein d'un superbe enthousiasme pour son œuvre, il s'écrie dans un rapport à la convention; « La France jadis tributaire de ses propres ennemis pour les objets de première nécessité relatifs à sa défense, non-seulement trouvera dans son sein des fusils pour armer tous les républicains qui l'habitent, mais elle sera bientôt en état d'en vendre aux étrangers ; elle sera le grand magasin où les peuples qui voudront recouvrer leurs droits viendront se pourvoir des moyens d'exterminer les tyrans : et Paris, jadis séjour de la mollesse et de la frivolité, pourra se glorifier du titre immortel d'arsenal des peuples libres. »

Condé, Valenciennes étaient au pouvoir des Anglais et des Autrichiens, qui déjà poussaient leur pointe à trente lieues de Paris. Mayence, d'autre part, était retombée aux mains de la Prusse qui, de concert avec l'Autriche, menaçait notre armée du Rhin, fatiguée et sur les dents. Si ces deux masses parvenaient à se joindre sous les murs de Paris, qu'allait-il arriver ? « Que faire ? » disait Barère. —

« Prendre au Rhin de quoi fortifier l'armée du Nord, répondait Carnot, y frapper un grand coup. » Ce fut la plus haute inspiration de Carnot, l'éclair de son génie.

Il proposait d'affaiblir de trente-cinq mille hommes ces armées du Rhin et de la Moselle, déjà exténuées, qui devaient supporter tout le poids de la Prusse et de l'Autriche réunies.

Le risque était grand : pendant que les trente-cinq mille hommes voyageraient l'arme au bras entre le Rhin et l'Escaut, les armées coalisées pouvaient nous écraser des deux côtés à la fois. Carnot ne le crut pas ; il prédit que les forces coalisées ne marcheraient pas de concert et il eut raison.

Sur le Rhin, la Prusse ajourna toute action. Elle regardait du côté de la Pologne dont la Russie venait de prendre une bonne moitié ; elle réclamait sa part. Entre ces deux proies, la

Pologne et la France, elle demeura immobile.

Au Nord, Cobourg voulait Cambrai et le Quesnoy, pendant que le duc d'York recevait d'Angleterre l'ordre impérieux de prendre Dunkerque. Le duc d'York laisse son allié et se dirige sur Furnes pour commencer le siége de Dunkerque : « c'est là qu'est le salut de la république » écrivit Carnot au général Houchard !

Il s'agissait de prendre l'Anglais entre Dunkerque, un marais et la mer, de l'ensabler, de l'engloutir. Mais pour fermer toute issue, il fallait occuper Furnes. Carnot avait bien recommandé au chef de notre armée de vaincre l'ennemi en vitesse, pour occuper avant lui ce passage.

Houchard quitte le camp de Giwelde avec les douze mille hommes qui lui sont arrivés du Rhin et tout ce qu'il peut rassembler autour de lui. Il bouscule les Hollandais à Roncq et à

Tourcoing et se jette à Rexpoède sur les seize mille hommes du maréchal Freytag, lieutenant de Cobourg. La mêlée fut vive ; Freytag, un moment prisonnier, se dégage à grande peine et se réfugie dans les retranchements d'Hondschoote.

Ces retranchements étaient formidables. Des haies, des plantations, des batteries savamment disposées défendaient le village. Les soldats de la république emportèrent tout à l'arme blanche. Freytag s'enfuit en désordre vers Furnes.

Le duc d'York, inquiété par les fréquentes sorties de la garnison de Dunkerque, ou commandait le brave général Souham, secondé brillamment par le jeune Hoche, n'avait pu marcher au secours de son lieutenant. Il le rejoignit en toute hâte, dans sa déroute, quittant Dunkerque, pour s'assurer la porte de Furnes. Il y arriva avant Houchard qui, par ses lenteurs, perdit le fruit de son courage. L'Anglais se retira par Nieuport, au-delà de l'Yser. Il était sauvé.

Mais ce coup frappé en cet endroit par les armées novices de la République atteignit l'Europe entière, toucha toutes les couronnes et nous ouvrit de nouveau la carrière des victoires qui n'allait plus se fermer pour nous de bien longtemps.

Carnot, à qui l'anglais échappait, n'avait pas perdu tout espoir de tirer de la victoire d'Hondschoote quelque autre profit. Il écrivit à Houchard « nous avons reçu avec la plus vive satisfaction les nouvelles de vos brillants succès; nous ne pouvons cependant nous empêcher de regretter infiniment que le grand projet qui avait été formé d'abord pour envelopper entièrement l'armée Anglaise et l'écraser en marchant directement sur Furnes, Ostende et Nieuport n'ait pas eu lieu. Quoiqu'il en soit, profitez du moment d'enthousiasme et hâtez-vous de faire lever le siége du Quesnoy... Tombez en masse sur les ennemis... profitez de l'énergie française. »

Houchard n'était pas capable d'une célérité aussi soutenue. Après avoir ravitaillé Dunkerque, il alla passer la Lys à Werwick, chassa de Menin le prince d'Orange avec ses hollandais et se mit à les suivre, jusqu'au-delà de Courtrai. L'autrichien qui s'était posté en observation sur les bords de la rivière, tomba tout d'un coup sur notre avant-garde, la rompit; le désordre se mit partout dans les rangs. Houchard, huit jours après sa victoire d'Hondschoote, était réduit à s'abriter sous le canon de Lille.

Houchard paya de sa vie sa négligence. Carnot s'efforça de le sauver, mais en vain, il ne put que réhabiliter sa mémoire et faire accorder plus tard une pension à sa veuve.

Nous avons vu Carnot dresser le plan de la

victoire : Nous allons le voir vaincre lui-même. La victoire de Wattignies lui appartient, autant que ces grands actes peuvent appartenir à un homme. Carnot n'en fut pas seulement l'inspirateur, mais l'ouvrier; il la conçut, la calcula ; puis, comme le dit Michelet, il la fit lui-même de sa main.

Après le malheur d'Houchard à Courtrai, Cobourg avait passé la Sambre. Il avait investi Maubeuge où deux divisions de notre armée des Ardennes s'étaient laissées imprudemment enfermer.

Il s'était établi avec sa ferme infanterie hongroise, avec ses épais bataillons d'Autriche, de Croatie et de Hollande sur des hauteurs hérissées de canons, parmi des villages boisés et des haies inexpugnables. A côté, dans la plaine, il déployait sa cavalerie, la plus brillante que jamais on ait vue.

Carnot et Jourdan qui voulaient dégager la

place de Maubeuge avaient devant eux ces hauteurs et ces villages, Wattignies à gauche, Leval à droite, Dourlers au centre.

Les trois divisions de l'armée républicaine devaient, par un mouvement concerté, tomber sur le centre, le forcer, percer à travers, sur Maubeuge, pour donner la main aux troupes française bloquées sous les murs de la ville ; puis, toutes nos forces unies, retombant sur l'autrichien, devaient le rejeter au-delà de la Sambre. C'était le premier plan.

Le 15 octobre au matin, les nôtres s'ébranlent. Fromentin à gauche s'empare des premières collines qu'il rencontre, il enlève les postes de Leval et de Saint-Wast. Enhardi par ce premier succès, au lieu de longer les bois, selon l'ordre qu'il a reçu, pour s'abriter de la cavalerie ennemie, il s'aventure dans la plaine : les escadons autrichiens, à cette vue, tombent sur lui et le mettent en pièces.

A droite Duquesnoy, déjà maitre des villages de Dimont et de Dimechaux, se dirige sur Wattignies, mais il ne peut y aller seul ; il lui faut l'appui du centre qui, sous les ordres de Jourdan, se brise deux ou trois fois contre les hauteurs de Dourlers. Jourdan qui voit ses conscrits fatigués, s'arrête, hésite, veut changer le plan de bataille. « Pas trop de prudence! » lui dit Carnot d'un ton de reproche. Jourdan au comble de la fureur et du désespoir veut se faire tuer, il retourne à l'assaut, ses jeunes gens remontent avec lui, mais les pentes demeurent inabordables.

Cependant la nouvelle du désastre de Fromentin et de l'aile gauche est apportée à Jourdan : « Allons au secours de l'aile gauche! » dit-il. Aussitôt il en donne l'ordre, mais Carnot qui a vu le point où il faut vaincre : « Général, c'est ainsi qu'on perd une bataille, » et il fait contremander le mouvement. La nuit descend sur ces entrefaites ; la bataille demeure en suspens jusqu'au lendemain.

Le conseil réuni, Jourdan expliqua le plan que les traditions militaires de l'époque commandaient de suivre en de telles circonstances. Il proposait de renoncer à l'attaque sur le centre et de diriger tout l'effort vers la gauche pour reconquérir les positions perdues. Carnot soutint au contraire qu'il fallait abandonner le côté compromis et se porter en masse sur la droite pour conserver et pousser l'offensive, si chère à de jeunes soldats. « Qu'importe, dit-il, que nous entrions à Maubeuge par la droite ou par la gauche ! » Puis, mettant le doigt sur la carte, au plateau de Wattignies : « C'est là, que nous devons triompher ! » — « Si nous cédons à l'idée du représentant du peuple, répondit Jourdan, je le préviens qu'il en prend la responsabilité. » — « Je me charge de tout et même de l'exécution, » réplique Carnot, d'un ton qui entraîne et le conseil et Jourdan.

Carnot comptait sur la protection d'un terrain escarpé et boisé qui cacherait sa marche à l'ennemi. Il accumule vingt-quatre mille hommes à droite, ne laissant à gauche et au centre que des lignes sans profondeur. Un épais brouillard d'octobre vint encore à propos couvrir cette opération matinale. A une heure, le soleil déchire le rideau de nuées, et montre aux autrichiens l'armée française qui escalade le plateau de Wattignies. A ce salut du soleil, les vingt-quatre mille hommes répondent par le cri de : Vive la République !

La position de Wattignies est formidable, entourée de ruisseaux et de gorges abruptes ; en haut, des retranchements, des haies, une artillerie foudroyante, et ce qu'il y a de plus solide dans l'armée ennemie, les Hongrois, les

Bataille de Wattignies.

Croates. Les nôtres montaient, soutenus par des batteries de campagne qui montaient du même pas et qui, de l'intérieur des bataillons ouverts et fermés tour-à-tour, lançaient la mitraille à coups pressés.

Les Autrichiens ont raconté que jamais une telle cannonade n'avait frappé leurs oreilles. « Jamais ils n'avaient entendu, dit le prince d'Hardenberg, un si terrible tonnerre d'artillerie. »

Et ils entendaient, chose plus étonnante encore, pendant les détonations des bouches à feu, retentir dans les rangs républicains les chants belliqueux et les airs patriotiques.

Le village de Wattignies est pris et repris à la baïonette ; trois régiments autrichiens sont taillés en pièces, anéantis. Nous occupons victorieusement la hauteur. Mais au-dessus de Wattignies, il y a d'autres plateaux encore. Cobourg s'y retire, toujours redoutable, et il appelle à lui toutes les forces dont il peut disposer. La bataille n'est qu'à moitié gagnée, elle peut être perdue avant le soir, elle faillit l'être.

Le général Gratien qui s'avançait en tiraillant au milieu des bruyères ne peut soutenir le choc de la cavalerie ennemie ; ses hommes se débandent, il commande la retraite, malgré l'ordre qu'il a reçu de marcher à tout prix en avant. Carnot s'aperçoit de la faute, il arrive, rallie la brigade et, après l'avoir disposée en ordre de bataille sur un point élevé, à la vue des deux nations, il destitue le général qui a reculé.

Puis, sautant à bas de cheval, il forme le corps de Gratien en colonne d'assaut, se met à sa tête et monte à l'ennemi. Un conscrit effaré, blotti derrière un buisson, sans fusil, frappe les yeux de Carnot ; il approche, relève l'arme qui gisait à terre, la décharge sur l'ennemi, la recharge, la rend au jeune homme et le ramène guéri de sa peur dans les rangs de ses compagnons.

Se saisissant alors du fusil d'un grenadier blessé, il reprend sa marche à la tête de sa colonne, tandis que Jourdan et le représentant Duquesnoy, frère du général du même nom, montaient à la tête de l'autre. Les deux représentants du peuple arrivèrent en même temps au sommet et ils se jetèrent dans les bras l'un de l'autre.

Cobourg avait promis de se faire « sans-culotte » si les Français venaient le déloger de là. Il ne remplit pas sa promesse, mais le soir même il évacuait toutes ses positions et repassait la Sambre.

Jourdan, les deux Duquesnoy, Fromentin, tous, sauf un seul, (et celui-là fut plus malheureux que coupable) avaient fait des prodiges dans ces deux mémorables journées. L'union des cœurs, la fraternité, l'amour de la patrie ont brillé là de leur éclat le plus pur. Ce sont ces grandes vertus que la victoire a couronnées sur le plateau de Wattignies.

Le lendemain Carnot était dans son bureau des Tuilleries écrivant à l'armée les félicitations de la République. On eût dit qu'il n'avait pas quitté sa table de travail.

Carnot a été un militaire accompli. Quelle est la partie de son art qu'il n'ait pratiquée en maître digne d'être étudié dans tous les temps? Ces armées incomparables, il les a organisées; ces soldats héroïques, il les a formés ; ces mouvements d'une stratégie à la fois audacieuse et prudente, il les a commandés ; ces retranchements, ces redoutes, il les a escaladés de son pied et conquis de sa main.

Mais la France, après chaque victoire, semblait retomber dans ses premiers périls. Il fallait vaincre encore et toujours. Relevée au nord et ancrée sur le plateau de Wattignies, elle penchait maintenant à l'est et sombrait vers la Rhin. La Prusse venait de forcer les lignes de Wissembourg. Carnot songea d'abord à se rendre sur le lieu des opérations, mais il y avait là des jeunes gens héroïques, Saint-Just et Lebas, il y avait Lacoste et Baudot, intrépides représentants du peuple qui couchaient sur la neige avec le soldat, combattaient dans le rang; il y avait Hoche et Pichegru.

Carnot resta à Paris, ne traçant que les grandes lignes des opérations, laissant le reste à la fortune et à l'inspiration des héros. Hoche avait d'abord plié avec ses recrues. Carnot lui écrivit cette lettre toute romaine : « un revers n'est pas un crime, lorsqu'on a tout fait pour mériter la victoire ; ce n'est point par les événements que nous jugeons des hommes mais par leurs efforts et par leur courage. Nous aimons qu'on ne désespère point du salut de la patrie. » Le jeune général répondit à Carnot par la conquête du Rhin.

Écrire la vie de Carnot, ce serait raconter toutes les campagnes de la Révolution contre les ennemis du dehors et du dedans. Il n'a point traversé à la tête d'une armée victorieuse d'immenses étendues de terrain comme les conquérants, mais ses méthodes, ses calculs, son patriotisme ont guidé, inspiré quatorze armées placées dans les situations les plus différentes.

Quand il ouvrait ses cartes sur un côté de la table du comité de salut public, au milieu des délibérations de ses collègues, et, sur le premier papier venu, esquissait un plan d'opérations, c'était pour l'Escaut, pour le Rhin, pour les Pyrénées et les Alpes, pour la Vendée. Il faudrait rechercher sur tant de champs de bataille où il ne parut point, dans tant d'entreprises exécutées par les meilleures têtes et les plus fermes courages, la part d'honneur qui lui appartient et celle où il ne peut prétendre.

Telle victoire est presque toute à lui, il a contribué plus ou moins à telle autre. Cette troisième est à Hoche, à Kléber ou à Jourdan. Dans l'organisation générale de nos forces militaires, il y a la part de Pache, qui débrouilla le cahos de nos premières recrues, la part de Dubois de Crancé, qui présenta le premier plan d'une véritable armée nationale, la part de Carnot qui recruta le personnel et présida aux mouvements. Il y aurait à faire la part de bien d'autres. C'est dans une analyse approfondie de cette immense création militaire de la Révolution française, que seraient la justice et la vérité ; mais cette analyse sera-t-elle jamais possible?

Outre que cette création extraordinaire est toute enveloppée pour nous de nuages mêlés de tonnerres et d'éclairs, les grands patriotes de ce temps ont pris à tâche d'ensevelir dans

4*

l'oubli leurs travaux et leurs vertus. Ils se dépouillaient de leur part de gloire et la portaient toute au fond commun de la France. C'est ainsi qu'ils ont constitué à notre nation et à la République ce patrimoine d'honneur sur lequel nous vivrons à jamais.

Nous entrevoyons par quelques exemples comment travaillaient Carnot et ses collègues du Comité. Un corse, au début du siége de Toulon, apporte au comité de salut public deux plans d'attaque, l'un du général Dugommier qui avait reçu de Carnot la conduite du siége, l'autre du capitaine d'artillerie Bonaparte. Carnot les examine et fait son rapport au comité, les cartes sur la table. Il dit ce qu'il a trouvé de bon dans chacun des deux plans et propose de les fondre en un seul qui n'aura les défauts ni de l'un ni de l'autre. L'idée de Carnot fut approuvée. Le comité confia à Bonaparte la partie de l'attaque qui avait été empruntée à son mémoire. Comme son grade de capitaine ne lui donnait pas le droit de conduire une opération de cette importance, on le nomma chef de bataillon. Voilà comment on travaillait au comité de salut public.

La campagne de 1793 touchant à sa fin, Carnot, revenu de Maubeuge, se mit à rédiger un *système général des opérations de la campagne prochaine*, suivie d'un *plan de campagne pour l'armée du nord*. Puis il écrivit une instruction particulière pour chacun des généraux en chef. Ces travaux de Carnot servirent de base à la campagne de 1794.

Pendant l'hiver de 1794-1795, par un froid de 17 degrés, nos soldats vêtus de haillons et de paille envahirent la Hollande, entrèrent vainqueurs dans Amsterdam (20 janvier.) Un épisode de cette expédition est resté légendaire : la prise de la flotte hollandaise par notre cavalerie. Cet exploit invraisemblable avait paru possible à Carnot, il avait paru possible à je ne sais quel autre dont Carnot ne dit pas le nom. Il écrit en effet au représentant Bellegarde : « *on* assure que la mer du nord est gelée, et qu'en poussant avec vigueur on se saisirait de toute la marine hollandaise. Il faut voir avec Pichegru ce que la nature des choses comporte en ce moment, sans compromettre le sort de l'armée. » Quel est cet *On?* Un homme ignoré, la voix de l'opinion, le génie de la France... Nous l'avons dit, à chaque page de l'histoire, où l'on creuse, c'est toujours cette grande inconnue que l'on retrouve.

Landrecies, Le Quesnoy, Valenciennes et Condé, toujours aux mains de l'Autriche ne semblaient pouvoir être repris qu'avec des difficultés extrêmes. La Convention, animée d'une juste confiance dans le prestige de son nom et de ses décrets, déclara « que toutes les troupes des tyrans coalisés, renfermées dans les places du territoire français envahi par l'ennemi sur la frontière du Nord, qui ne se seraient pas rendues à discrétion dans les vingt-quatre heures, seraient passées au fil de l'épée. »

« Nos menaces furent d'autant plus violentes, dit Carnot à ce sujet, dans son *Traité de la défense des places*, que nous étions moins en mesure de rien exécuter. »

L'audace, la foi de la Convention, sa foi raisonnée dans la puissance irrésistible d'un peuple libre qui combat pour son droit, fit ce que les armes n'auraient pu faire. Les quatre places se rendirent et pas une goutte de sang ne fut répandue. Le jour de la reprise de Condé un prodige frappa l'ennemi. Il était encore occupé à évacuer la place, officiellement rendue à six heures du matin, lorsque déjà arrivaient les félicitations de la Convention sous forme de deux décrets, l'un déclarant que la place porterait désormais le nom de Nord-Libre ; l'autre, que l'armée du Nord continuait à bien mériter de la patrie. Le premier essai du télégraphe avait rendu possible cette rapidité qui parut alors foudroyante.

Avant la séparation de la Convention, Carnot revenu à son banc de député, eut la joie de lire à ses collègues le compte-rendu enthousiaste des victoires de la République.

Il résumait en ces termes les hauts faits de nos soldats ; vingt-sept victoires dont huit en bataille rangée ; — cent vingt combats de moindre importance ; — quatre-vingt mille ennemis tués ; — quatre-vingt onze mille prisonniers ; — cent seize places ou villes importantes prises, dont six après siége et blocus ; — deux cent trente forts ou redoutes ; — trois mille huit cents bouches à feu ; — soixante-dix mille fusils ; — dix-neuf cent milliers de poudre ; — quatre-vingt-dix drapeaux.

Arrêtons-nous ici. Carnot vient d'achever les deux mémorables, les deux immortelles années de sa longue vie, 1793, 1794. Essayons de fixer les principaux traits de sa physionomie et de son caractère, pendant qu'il se montre dans tout son éclat.

Carnot est d'une haute stature; les traits de son visage sont expressifs et réguliers ; ses yeux bleus purs et sagaces, son nez bien formé, légèrement aquilin, ses lèvres fines, sa bouche bienveillante. « L'ensemble de sa physionomie est un paisible sentiment de lui-même ; ingénieux, moins circonspect que plein d'assurance, point défiant, mais scrutateur »

Il a l'infatigable activité de son père, ces solides jarrets qui portaient le notaire de Nolay d'une extrémité à l'autre de son département ; il a sa régularité dans la gestion des affaires privées ou publiques et son assiduité tenace au travail. La vie de bureau ne le fatigue pas plus que ne le font le cheval et les voyages. Avec une égale facilité, il reste assis devant sa table, courbé sur des cartes et sur des plans, ou bien il se transporte aux Pyrénées, au Rhin, à l'Escaut.

Il possède éminemment l'intelligence des choses pratiques, le goût des sciences positives, des mathématiques, de la géométrie. Son esprit d'ordre est passé en proverbe, nous n'avons pas besoin de le dire, puisqu'il a conservé le nom historique d'organisateur de la victoire, et qu'il a rejeté dans l'ombre d'autres organisateurs de première force, tels que Pache, le ministre de 1792.

Celui-ci paraît plus actif dans son bureau que sur le terrain. Sorti de la poussière des cartons, en plein soleil, Pache semble hésiter, se chercher. Carnot qui partout était également sûr de lui-même, le rencontra aux Pyrénées, dans sa mission, et, cédant à une impatience dont on

Carnot dans son cabinet.

lui a fait reproche, il écrivit à Paris pour se plaindre des lenteurs de son laborieux collègue.

D'ailleurs, profondément humain, doux, affable, toujours heureux de rendre service. Le feu du patriotisme brûla en lui jusqu'au dernier moment : la fièvre de l'ambition ne le tourmenta jamais. Il eut soin de se créer, à toutes les époques de sa vie, un paisible foyer, où il vivait avec sa famille et quelques amis, dans la culture des lettres et dans les entretiens de la philosophie. Au petit Luxembourg où il habita du temps du Directoire, sa manière de vivre était exempte de luxe, sans affectation de sévérité. Il n'était pas d'un caractère à suivre Pompée ni Brutus. Il aimait à s'entourer de savants. On rencontrait chez lui Bougainville, Berthollet, Prony, Fourcroy, puis quelques poètes et quelques journalistes.

Quand il eut le loisir de se retirer à la campagne, à Presle ou à Nolay, dans les intervalles de sa vie publique, il parut être encore plus pleinement que partout ailleurs dans le milieu qui lui était propre. Il veillait lui-même aux détails de son jardin, plantait et déplantait ses arbustes, conduisait de sa main la carriole d'osier où s'étaient assis ses jeunes enfants, puis il rentrait à la maison pour leur apprendre le latin ou les mathématiques.

Dans ces petits champs de l'Orléanais ou de la Bourgogne, il semble tout romain ; il rappelle ces fiers et ardents dictateurs de la vieille République, que leurs concitoyens allaient prendre à la charrue pour les mettre à la tête des légions. « L'ami du peuple, dit-il quelque part, est celui qu'il faut chercher longtemps pour l'obliger à remplir des fonctions publiques, qui s'en retire le plus tôt qu'il peut, et plus pauvre qu'il n'y est entré, qui s'y dévoue par obligation, agit plus qu'il ne parle et retourne avec empressement dans le sein de ses proches reprendre l'exercice des vertus privées. »

Il pratiqua excellemment cette règle de conduite, toujours laborieux, toujours modeste, plus peut-être qu'il ne l'eût fallu pour le bien public ; profondément dévoué à sa famille, à ses enfants, non pas à ce point qu'il craignît d'entamer son patrimoine pour venir en aide à la République.

Plus d'une fois il négligea de toucher son traitement, laissant cette petite somme à nos soldats qui n'avaient ni fusils ni souliers. Quand les commis de la guerre voulurent rédiger en 1814 les lettres patentes qui lui donnaient le titre de gourverneur d'Anvers, ils s'aperçurent à leur grande surprise que Carnot était simple chef de bataillon. Celui qui avait dirigé quatorze armées, créé et inspiré les premiers généraux de l'époque, n'avait pas songé, au temps de sa toute puissance, à s'attribuer des grades dont il faisait pour les autres un si judicieux et si libéral emploi. Il fallut user de subterfuge et prendre prétexte du titre d'inspecteur général aux revues qu'il avait eu sous le Consulat, pour inscrire sur le brevet : Carnot, général de division.

Dans cet esprit si maître de lui-même, où brûle un feu intense et caché qui ne sort que par intervalles, l'œil découvre aisément un fonds de sensibilité naturelle. Est-ce l'héritage d'une mère maladive, aux yeux bleus, d'une délicatesse de nerfs trop facile à blesser? Est-ce l'influence de la tendre Bourgogne qui se marie à celle du sérieux et rude Morvan dans la famille du notaire de Nolay? Nous savons que Carnot se distingua au séminaire par sa piété et qu'il faillit entrer dans les ordres. On peut croire qu'il y eut dans ce jeune esprit un mâle combat de la foi avec la science. La géométrie l'emporta, non sans avoir reçu dans la lutte une teinte particulière de grâce et de tendresse.

Pour Carnot, la source des vérités morales est toute dans le sentiment. Il définit la vertu : « le désir éclairé du bonheur. » Dans son projet de déclaration des droits rédigé pour la convention, il inscrivit *un droit de bienveillance*. « Les hommes, disait-il, se réunissent en société afin de faire prédominer la volonté collective sur toute volonté individuelle ; mais chacun d'eux, en devenant citoyen, acquiert un nouveau droit, droit de protection et de bienveillance de la part des autres associés. »

Il a lu et beaucoup aimé Rousseau ; il en est tout imprégné, il en porte la marque jusque dans la sécheresse de ses rapports d'affaires. Ses mémoires de famille nous le montrent, à peine arrivé à Paris, gravissant, un jour de vacances, les quatre étages du philosophe. Il voulait déclarer à Rousseau qu'il l'aimait et l'admirait. S'approcher des grands hommes, à cet âge, c'est presque déjà se sentir et se croire célèbre soi-même. Il monte tout ému, avec un de ses camarades, l'un l'autre s'encourageant à cette démarche hardie. Ils arrivent, ils frappent : que me voulez-vous? dit le philosophe d'un ton bourru ; il était ce jour-là dans un de ses accès de mélancolie. Voilà nos deux héros qui n'ont plus rien à dire ; ils reprennent l'escalier à la hâte, se promettant bien de ne plus le remonter jamais.

Cette tendresse de cœur qui peut-être l'égara quelquefois dans la vie publique, fit la joie et l'honneur de sa vie privée et la décora d'une foule de traits charmants. Le jeune fils d'un marchand de Paris en congé limité n'avait pas rejoint son corps au terme prescrit. Un autre marchand, concurrent de son père, le dénonce par jalousie. Le jeune homme se cache, le tribunal le condamne à mort en attendant qu'on le retrouve. Un ami accourt chez Carnot, lui peint le désespoir de la famille, le supplie de sauver l'imprudent. L'affaire était délicate. Carnot hésite entre deux devoirs ; mais, après avoir réfléchi, « c'est bien, dit-il, je vois qu'un dénonciateur passionné a causé tout le mal, je trouverai quelque moyen de salut. » Il trouva en effet, et non-seulement il sauva la vie du jeune homme, mais il le rendit à sa famille qui avait grand besoin de ses services. « Je vous croyais un Brutus, » lui dit un jour quelqu'un : « Oui, répondit-il, quand il le faut. »

Il disait dans une autre occasion : « les circonstances développent en nous des facultés dont nous ne soupçonnions pas le germe, agrandissent l'âme et lui donnent le ressort. » Il semble que cette pensée lui ait été inspirée par l'histoire de sa propre vie. Cet homme du foyer, ce paisible bourgeois, dont les brillants sabreurs de l'empire railliaient la tenue modeste et les bas bleus, s'est élevé jusqu'aux plus grandes audaces de l'esprit révolutionnaire. « On n'est pas révolutionnaire, disait-il, on le devient. »

Il ne l'était point, quant à lui, par nature, mais il le devint par le travail et la réflexion, quand il fut nécessaire de l'être pour la patrie.

Membre du comité de salut public, il demanda très-hardiment la suppression du conseil des ministres. « C'est en resserrant de plus en plus le faisceau de la République, par une organisation nerveuse et des liens indissolubles, disait-il, qu'on peut assurer son unité. » Puis il exposait un plan nouveau, un plan inoui de gouvernement qu'il appelait une *agence révolutionnaire*, composée de douze commissions de deux membres chacune, qui tiendraient la place des ministres. Il ne faut pas dire qu'il eût seul le mérite de cette formidable invention, mais il en prit fièrement sa part. Il fut ainsi l'un des créateurs de cette force irrésistible de gouvernement qui n'eut jamais sa pareille dans le monde.

Il affirme que la République est l'œuvre de l'immense majorité des français; il place au-dessus de tout le principe de la souveraineté nationale et la loi du salut public. C'est de lui qu'est cette réponse aux accusateurs du comité: « Il ne s'agit pas de savoir si ce qu'on a fait est bien ou mal, mais si le peuple le voulait. » Dans toutes les circonstances critiques, il vote avec la Montagne, bien que son inclination le portât plutôt vers la Gironde. Mais il ne croyait pas que celle-ci fût capable de sauver la France. Lorsque les révoltes opiniâtres rendent nécessaire l'emploi de la force, il n'hésite pas, il frappe, il brise; mais, l'obstacle brisé, il se hâte de revenir à ses habitudes de modération et à ses goûts pacifiques.

Aussi longtemps qu'il ne courut pas lui-même péril de mort, il s'efforça de travailler en paix à côté de Robespierre, de Saint-Just qu'il n'aimait point. Il défendit Danton dans la comité : « Vous accusez Danton de trahison et vous n'avez pas une preuve contre lui. Nul n'est à l'abri des soupçons calomnieux, et je n'entends alléguer ici que des soupçons. N'élevons pas de querelles sanglantes entre des hommes qui ont travaillé ensemble à fonder la République ! » Quand la résolution d'accuser Danton eut été votée par la majorité des deux comités réunis, Carnot, fidèle à la discipline, ne refusa plus sa signature. Il fit fermer ses fenêtres au passage du funèbre cortége. Le soir même, il obtint de ses collègues le vote d'une proposition par laquelle ils s'interdisaient la faculté de mettre en accusation aucun autre membre de l'Assemblée nationale.

Ces luttes, ces effroyables fatigues morales altéraient sa santé ; c'était les seules qu'il ne put supporter impunément. Il était heureux de retrouver le calme dans ses bureaux, composés d'hommes laborieux de divers partis, qu'il prenait à droite et à gauche, sans prévention. Plus d'une fois il offrit un asile et du travail à des officiers de l'ancien régime. Il sauva de la mort d'Arçon, l'ingénieur, le fit nommer professeur de fortification à la nouvelle école des travaux publics. Il assura un refuge au marquis de Montalembert, lui permit de continuer en paix, aux frais de la République, ses travaux sur l'artillerie. Il ne demandait autour de lui que des hommes intelligents et actifs, sans trop s'inquiéter d'où ils venaient. Aussi lui arriva-t-il d'encourir de la part de ses collègues le reproche de « modération ».

Il répétait souvent qu'une société démocratique doit trouver ses chefs militaires plus aisément qu'une monarchie aristocratique, car elle peut les choisir entre tous, tandis que l'autre n'admet que certains privilégiés à la candidature.

Il invitait ses collègues à chercher le mérite modeste partout où il se cache, à élever hardiment aux premiers grades les officiers obscurs qui avaient montré du courage et des talents. Il usa largement pour son compte de cette méthode de révolution. Il avait une foi vive dans la puissance de développement des hommes ; il les croyait en général aptes à tout et formés pour les grandes choses ; bien éloigné de cette morgue des classes dirigeantes qui s'imaginent avoir seules la science du pouvoir et le don du commandement.

Tout exempt de ruse qu'il ait été, Carnot se connut excellemment en hommes. Il devina Jourdan, il devina Hoche, il devina Bonaparte. Tout au moins devina-t-il le génie militaire de ce dernier, s'il ne vit pas assez vite son ambition et son orgueil.

Il apercevait du premier coup d'œil chez les autres ce qu'il sentait en lui, le courage, le feu sacré, l'instinct militaire, mais il n'y découvrait pas des vices qui étaient tout l'opposé de sa propre nature.

Levasseur (de la Sarthe), mandé au comité de salut public, au lendemain de l'arrestation de Custine, nous raconte ainsi sa conversation avec Carnot : « Je le trouvai seul ; il m'interpelle en ces termes: l'armée du nord est en révolte ouverte ; il nous faut une main ferme pour étouffer cette rébellion ; c'est toi que nous avons choisi. — Ce choix m'honore, Carnot ; mais la fermeté ne suffit pas, il faut de l'expérience, des talents militaires, ces moyens essentiels me manquent. — Nous te connaissons et nous savons t'apprécier. La vue d'un homme estimé, d'un patriote, d'un ami de la liberté suffira pour faire rentrer dans le devoir des esprits égarés. — Mais en vérité, Carnot, les moyens physiques me manquent également. Vois cette petite taille et dis-moi comment, avec un tel extérieur, je pourrai inspirer le respect à des grenadiers? — *Alexander magnus corpore parvus erat*, répondit Carnot. — Oui, mais Alexandre avait passé sa vie dans les camps. — Les circonstances font les hommes; la fermeté de ton caractère et ton dévouement à la République nous répondent de toi. — Eh bien! donc, j'accepte; quand faut-il partir? — Demain. — Je serai prêt. — Demain tu recevras le décret de la Convention, des armes et le costume de commissaire du gouvernement. — Et mes instructions? — Elles sont dans ton cœur et dans ta tête, l'occasion les en fera sortir; pars et réussis. »

Telle était la grande foi de Carnot dans les hommes, cette foi qui les électrise, fait éclore et mûrir tout d'un coup leur génie. Ce n'est point créer les hommes, mais c'est leur faire produire par la confiance tout ce qu'ils renferment de force cachée. C'est leur enseigner ce qu'ils valent, leur donner foi en eux-mêmes par la foi que l'on met en eux d'abord : méthode transcendentale, méthode sublime d'éducation qui change les hommes en un moment !

Carnot, par le fréquent usage qu'il en a fait, nous montre qu'il possédait excellemment le sens de la Révolution nouvelle, qu'il avait l'intelligence exquise et profonde de la République, venue au monde pour apprendre aux hommes à s'estimer et pour accroître indéfiniment le nombre de ceux qui sont libres, éclairés et vaillants.

Dans ces correspondances avec les généraux, avec les représentants en mission, Carnot fait la plus large part au développement des idées morales dont l'influence lui paraît souvent décisive pour le succès des affaires humaines. A l'un il écrit : « C'est l'oisiveté, c'est la vie molle des garnisons et des cantonnements qui détruisent l'énergie et la discipline... Que les généraux donnent l'exemple de l'activité, des bonnes mœurs et du désintéressement... Mais ils ne restent pas à leurs corps; ils fuient la peine et l'austérité qui seules peuvent rétablir l'ordre. »

A un autre : « faites respecter les chaumières, les malheureux, les femmes, les enfants, les vieillards; entrez comme bienfaiteurs des peuples, en même temps que vous serez le fléau des grands, des riches, des ennemis du nom français. »

Dans ces premières batailles de la République, tout général qui n'avait pas réussi passait pour un traître, tant la trahison avait été fréquente; et telle était la confiance de ce gouvernement dans l'invincible force de la volonté humaine, qu'il n'admettait pas qu'on pût être vaincu sans y consentir au fond du cœur! Carnot s'appliquait toujours à sauver les généraux malheureux; il sauva Jourdan, après sa campagne du Nord, puis Hoche, puis Bonaparte lui-même. Le général O'Moran est dénoncé comme traître au comité de salut public. Carnot se hâte de lui donner une autre destination et le dérobe une première fois à une sentence trop certaine. Stettenhoffen, qui commandait le camp sous Cassel, est dénoncé à son tour, puis suspendu de ses fonctions par le conseil exécutif; Carnot, alors en mission et qui ne faisait point encore partie du gouvernement, a l'audace de désobéir au pouvoir mal informé; il maintient le général à son poste.

Telle était la nature morale de Carnot, douce et forte, sévère au besoin, parfois impétueuse, plus généralement tempérée ; il était tout animé de cette pensée intime qu'il exprimait souvent: *exercer sans excéder*.

Cet honnête homme fut l'un des plus grands

militaires qui soient nés dans notre pays et dans tous les pays.

Son idée fondamentale, celle qu'il mûrissait déjà, capitaine inconnu, dans une garnison du nord, était de donner à la France une forte armée nationale, au lieu des milices mercenaires levées pour le compte du roi.

Dès 1788, dans un mémoire au comte de Brienne, il proposait de ne conserver sous les armes, en temps de paix, que le tiers des trois cent mille hommes qui formaient alors l'armée française. Cette armée permanente aurait été comme une grande école militaire, où chaque soldat eût passé à son tour. « Mais il nous faut des soldats anciens, disait-on ; ceux-là seuls rendent de vrais services. » — « Sans doute, répondait Carnot ; mais le soldat ancien est celui qui a fait la guerre. Celui qui n'a fait que pirouetter sur une esplanade pendant huit ans est aussi nouveau que celui qui pirouette depuis six semaines. »

Il souhaitait que les communes eussent l'initiative et la responsabilité du recrutement; il voulait les intéresser ainsi à ne choisir que des jeunes gens solides et de bonnes mœurs, et les piquer d'une patriotique rivalité à qui d'entre elles enverrait les plus belles recrues.

Il ne croyait pas que les hommes mariés fissent de mauvais soldats, au contraire. « Le sort d'une armée composée de pères de famille, intéressait, disait-il, le patriotisme bien plus qu'une troupe de célibataires et de gens pour la plupart mal choisis... Les hommes mariés mettraient dans leurs conditions qu'en cas de mort on prendrait soin de leurs femmes et de leurs enfants. »

Plus tard, quand la patrie est en danger, Carnot ne demande plus seulement une armée nationale de trois ou quatre cent mille hommes, il propose l'armement de tout le peuple. S'il n'y a pas assez de fusils pour tout le monde, qu'on fabrique des piques! Que la France entière se hérisse de dards et de mortels aiguillons! Quelle armée ennemie passerait au travers? Napoléon en 1814 eut aussi la pensée de se faire au milieu des piques de toute la nation un impénétrable asile. « Envoyez partout des piques, » écrivait-il à son frère Joseph.

Le principe de Carnot est qu'il faut autant que possible faire de tous les citoyens des soldats. « Il faut, disait-il, dans un pays libre que tout citoyen soit soldat, ou que personne ne le soit. Mais la France, entourée de nations ambitieuses et guerrières, ne peut évidemment se passer d'une force armée. Il faut donc, suivant l'expression de Jean-Jacques Rousseau, que tout citoyen soit soldat par devoir, aucun par métier. Il faut qu'à la paix, au plus tard, tous les bataillons de la troupe de ligne deviennent bataillons de la garde nationale, que les uns et les autres n'aient qu'une même solde, un même régime, un même habit ; alors vous épargnerez quarante millions par an ; alors disparaîtra ce germe de division qu'on cherche à semer entre les soldats citoyens et les citoyens soldats ; chaque corps nommera ses officiers et l'on ne verra plus ceux-ci, vendus au pouvoir executif, passer à l'ennemi et trahir la patrie qui les a comblés de bienfaits. »

La France, armée d'après les plans de Carnot, serait invincible, mais en même temps elle ne pourrait être que libre. Carnot veut que la nation armée soit instruite de ses droits, capable de comprendre et de discuter ses affaires. L'instruction universelle est pour lui le fondement nécessaire de l'armement général de tout le peuple. Il veut animer ce grand corps d'une puissante vie intellectuelle, faire passer en lui des courants de passions généreuses. « Il faut qu'une grande passion, dit-il, soit l'âme d'un grand ensemble. » Et ailleurs « Les grandes passions font les grandes nations. »

Ce soldat, qui estime si haut la valeur morale des armées, à la veille d'une entrée en campagne, n'a pas craint de discuter le problème de l'obéissance militaire, de fixer des limites à cet impérieux devoir. Il soutient que le soldat en face de l'ennemi doit à ses chefs l'obéissance passive, mais que partout ailleurs le soldat est une personne morale, douée de discernement et responsable de ses actes. « On me dit que les chefs seuls sont responsables. Je voudrais savoir à quoi aurait servi la responsabilité de Bouillé, si, au mois de juillet 1791, les troupes eussent obéi à ses ordres;

celle de Breteuil, si, en juin 1789, l'armée du Champ de Mars lui eut accordé une obéissance aveugle? »

A ses armées ainsi constituées, instruites, morales et vaillantes, Carnot offre pour appui ou pour refuge des places fortes. Quand le gouvernement de Louis XVI se propose d'en démolir ou d'en laisser tomber en désuétude un certain nombre, il plaide leur cause avec passion; il pense comme Montecuculli qu'elles sont « les ancres des empires. » Les barrières de Louis XIV lui semblent pour la défense préférables à la fameuse limite du Rhin. Dumouriez avait dit avant lui: « La barrière du Rhin n'est bonne que sur la carte. »

Il juge les places fortes plus nécessaires aux armées françaises qu'à celles de tout autre peuple. « L'esprit de nos soldats, dit-il, est essentiellement mobile, sujet aux découragements comme aux enthousiasmes, à

BIBLIOTHÈQUE NATIONALE R.F. IMPRIMÉS

l'héroisme comme à la panique. L'impétuosité est une qualité précieuse, mais elle a ses intermittences. Il faut à nos soldats des repos de corps et d'esprit. » Ce repos de l'esprit, la protection des places fortes le leur donnera; ils trouveront encore chez elles le repos du corps après les revers. Carnot demande seulement que les citadelles ne tournent point vers l'intérieur de la ville des remparts menaçants pour les citoyens, inoffensifs pour l'ennemi.

Il conseille aux généraux assiégés de faire servir à leur défense tout ce que la nature ou le hasard a placé autour d'eux et même ces œuvres de la paix que trop souvent l'on se hâte de détruire. « Les ignorants, dit-il, sont grands destructeurs de faubourgs, grands noyeurs de campagnes, tandis que les gens instruits sont grands conservateurs. Au lieu de détruire les faubourgs, ils en font des postes avantageux à la défense même de la ville. » C'est ainsi qu'assiégé dans la place d'Anvers, comme nous le verrons plus loin, il en conserva les faubourgs, contre l'avis formel du conseil de défense, et sut en tirer le meilleur parti pour la sûreté de l'armée et des habitants.

Ces ignorants qui veulent inonder et détruire à tort et à travers, voulaient aussi dès ce temps-là amoindrir le soldat français, en déformer l'antique et original caractère. Ils ne vantaient que le soldat prussien, la discipline prussienne. « En vain, leur répondait Carnot, essaierez-vous de courber le français sous le joug de la discipline du nord, au lieu de vous attacher à perfectionner ses qualités naturelles, à profiter de son intelligence et de sa vivacité. Vous étoufferez son génie particulier, pour l'affubler d'un caractère factice qu'il ne pourra soutenir dans l'occasion et dans lequel il sera toujours inférieur aux peuples dont ce caractère est emprunté. »

Avec des soldats et des chefs nourris de ces maximes, formés par ces méthodes, et la France entière étant ainsi préparée pour sa défense, Carnot ne croit pas qu'aucune puissance de l'Europe vienne impunément la défier. Lui-même d'ailleurs ne menace personne. Il ne prépare la guerre que pour conserver la paix. « La guerre, dit-il, est par excellence l'art de conserver; l'art de détruire en est l'abus. Toute guerre juste, toute guerre qui mérite ce nom... — les autres ne sont que brigandages — toute guerre est essentiellement défensive. » A-t-on le malheur de la lui déclarer, sa réponse ne se fera pas attendre, et, comme il a su organiser ses armées, il saura lui-même les conduire à la victoire.

Il n'a dans les mains que des conscrits, des paysans timides et gauches qui n'ont pas encore vu le feu, il les lancera par grandes masses sur les points les plus faibles de l'ennemi que son coup d'œil a discernés d'abord. Il remplacera l'expérience des vieilles troupes par la marche irrésistible en avant, la solidité et la patience par la promptitude et la variété des allures. Il prendra une partie de l'armée du Rhin, la portera au nord ou au sud, pour augmenter à l'improviste nos armées de Belgique ou d'Italie. Dans la bataille, il suivra hardiment la même tactique. Une de ses ailes a plié ; les généraux veulent la soutenir ; il les arrête, porte toutes ses forces de l'autre côté, et il perce l'ennemi de part en part au moment où celui-ci poussait déjà des cris de victoire à l'aile opposée.

Ce tacticien de la guerre défensive, une fois qu'il est attaqué, prend des offensives terribles. « Voulez-vous être victorieux comme on l'est partout ailleurs, écrit-il à l'armée du Rhin, attaquez l'ennemi tous les jours, matin et soir... Soyez attaquants, sans cesse attaquants... » A l'armée du nord : « Il faut livrer de grandes batailles à l'ennemi dans son pays et défendre pied à pied notre propre terrain. » A l'armée des Ardennes : « Réduis tes garnisons à ce qui est strictement nécessaire ; fais camper tout le reste en masse, afin de courir, d'attaquer toi-même. » A une autre : « Attaque sans cesse, et toujours avec des forces dominantes, en frappant à l'improviste tantôt sur un point, tantôt sur un autre... Nous n'aimons pas qu'on nous dise que tel poste faible a résisté à l'attaque d'un corps beaucoup plus considérable. Cela prouve toujours l'ignorance ou le défaut de vigilance. » A un autre encore : « Il est temps de frapper des coups décisifs et, pour cela, il faut agir en masse. Que l'armée ennemie soit dispersée, mise en déroute, désorganisée... »

Dumouriez accorde à Carnot le titre de « créateur du nouvel art militaire en France », et à Bonaparte le mérite du perfectionnement. Le vainqueur de Valmy, il est vrai, revendique pour lui-même quelque autre gloire plus belle encore. Il prétend qu'il a le premier, avant Carnot et tout autre, fait « l'esquisse » de la guerre nouvelle, et que le temps seul lui a manqué pour achever le dessein de son ouvrage.

Créateur, inventeur, ce sont des mots dont abusent trop souvent l'ignorance ou la flatterie. Il suffit que Carnot ait réuni les traits de l'art moderne disséminés dans les travaux de ses devanciers, dans la vieille histoire militaire de la France et particulièrement dans l'imagination de ses contemporains, dans les têtes ardentes de ces patriotes et de ces conscrits admirables qui demandaient de toutes parts à tomber en masse sur l'ennemi ; qu'il ait fait de ces traditions éparses et de cette commune inspiration d'un peuple en péril, un système de guerre raisonné, méthodique et fécond en résultats heureux, pour mériter de servir de maître aux militaires de tous les temps.

Plus tard sans doute les lois de la guerre changeront encore ; les mécaniciens et les chimistes transformeront les armes, en augmenteront la puissance ; les mœurs et les aptitudes des peuples se modifieront en même temps ; mais ce qui ne changera pas, c'est le principe victorieusement appliqué par Carnot, c'est que, pour réussir à la guerre, il faut se pénétrer de l'esprit des hommes qu'on a dans la main, en étudier les passions, le fort et le faible, et, au lieu de les asservir à des procédés étrangers, chercher les méthodes propres à leur caractère, à leurs dispositions et à leurs ressources.

Quand on partage, comme il est juste, entre les hommes de 1792 et de 1793, puis entre les divers membres du comité de guerre et du comité de salut public, l'honneur de l'organisation des armées, on peut rendre la part de Carnot assez modeste. Mais ceux qui lui font la part la plus petite dans ce travail d'organisation, lui laissent en propre et toute entière la gloire des plans de campagne. Or, pour ne parler que du plan de 1794, on a dit qu'il semblait tenir d'une véritable divination. Les événements ont répondu si exactement à tous les calculs de Carnot qu'ils semblent avoir obéi à ses ordres.

Carnot, dans un rapport à la Convention, s'exprima en ces termes sur cette campagne qui nous valut la belle victoire de Fleurus gagnée par Jourdan : « Dès l'ouverture de la campagne, le comité de salut public sentit la nécessité de s'écarter des routes usitées. Le comité résolut donc, au lieu d'attaquer l'ennemi dans la trouée qu'il avait faite, de se porter sur ses deux flancs, de le cerner, de couper ses communications et de le réduire à l'option, ou d'abandonner le territoire envahi, ou d'y rester lui-même enfermé et d'y périr.

« Si l'ennemi pénétra nos desseins, il crut sans doute que nous n'aurions pas la hardiesse de les exécuter, et qu'en se portant lui-même audacieusement en-deçà de la frontière, il ferait voler la terreur jusqu'à Paris. Il crut surtout, lorsque la trahison lui eut livré Landrecies, que la masse de nos forces allait abandonner ses postes avancés pour courir à la défense de Cambrai... Mais, au milieu de ces brillantes espérances, Cobourg nous vit lui-même sur ses ailes, gagnant ses derrières, et il n'eut que le temps de se retirer honteusement du labyrinthe où il s'était engagé.

« Rappelé à la défense de ses propres foyers, il espérait au moins nous faire consumer le reste de la campagne sans événement décisif... Mais on lui préparait sur les bords de la Moselle un rassemblement de cinquante mille braves qui, recevant tout d'un coup l'ordre de venir à travers les Ardennes prendre en flanc l'armée ennemie et conduits avec autant de bonheur que de sagesse par Jourdan, fixèrent la victoire sur les bords de la Sambre et de la Meuse, pendant que Pichegru la fixait de son côté sur les bords du Lys et de l'Escaut. »

L'enthousiasme de la Convention éclata à ces mots qui résumaient la pensée du rapport: « Ces succès répondirent tellement aux espérances du Comité de Salut public, que l'arrêté par lequel il avait déterminé le plan de campagne a plutôt l'air d'une inspiration que d'un projet soumis aux hasards des combats. »

Carnot ne s'attribue rien à lui-même de cette inspiration, il en donne toute la gloire au Comité ; mais la postérité a tout rendu à celui qui ne demandait rien.

Mécanicien et géomètre, il eut aussi de grands talents. Dans son *essai sur les Machines*, publié au début de sa carrière, quelques temps avant son *éloge de Vauban,* il a démontré les périls des changements brusques de vitesse et il a trouvé la formule mathématique de la perte de force vive qui en résulte. C'est ce qu'on a appelé le théorème de Carnot.

Il a contribué par cette démonstration à éloigner les mécaniciens des essais chimériques, à leur faire comprendre, que tous les ressorts les plus divers sont soumis à des lois générales qui ne se laissent contrarier par aucune combinaison du génie.

Ce n'est point que cet esprit positif manquât de hardiesse dans la sphère infinie du possible. « S'il n'est pas raisonnable, disait-il, d'attendre des machines des prodiges hors de toute vraisemblance, elles offrent encore assez d'objets d'utilité pour exercer l'imagination la plus ambitieuse. » Pendant son ministère de la guerre, il fit expérimenter les bateaux plongeurs et les bombes incendiaires de Fulton. Plus tard il fut du nombre des rares savants qui encouragèrent l'inventeur américain dans ses premiers essais de navigation à vapeur. Il encouragea Jacquart, Joseph Niepce et bien d'autres. Il fut aussi l'un des premiers qui se passionnèrent pour les aérostats, et il affirmait que leur direction était dans les choses possibles à l'homme.

Il n'entre point dans notre cadre d'analyser l'œuvre scientifique de Carnot. Citons seulement pour mémoire ses *Réflexions sur la métaphysique du calcul infinitésimal*, sa *Théorie des transversales*, et sa *Géométrie de position* qui lui ont assuré une place durable dans l'histoire des sciences.

Pendant les Cent Jours, lors de son passage au ministère de l'Intérieur, où il avait l'Instruction publique dans ses attributions, il fonda la première école d'enseignement mutuel, avec le concours de plusieurs hommes dévoués, Alexandre de Laborde, de Lasteyrie, Jomard, La Rochefoucauld-Liancourt. Cette méthode d'enseignement prend sa source dans les instincts les plus profonds et les plus vifs de la nature humaine ; elle se pratiquait sans éclat dans nos campagnes depuis bien longtemps, on l'a rencontrée aux Indes, Joseph Lancaster et André Bell l'ont répandue en Angleterre et en Amérique. Grâce à Carnot, elle eut à Paris sa première école officielle.

De Lasteyrie se chargea de rassembler les objets nécessaires à l'enseignement : pupitres et tableaux, ardoises réglées et crayons de schiste. Jomard prépara à leur rôle les jeunes *moniteurs*, sous-officiers de la petite troupe. Carnot parlait de son œuvre nouvelle avec tout le feu qu'il aurait mis à ranger une armée en bataille. « Nous rendrons, disait-il, les enfants précepteurs les uns des autres, pour la conduite morale comme pour l'apprentissage intellectuel, par la rapide communication, par la transmission presque électrique des commandements qui partent d'un seul maître. Au reste, il ne s'agit pas de faire des demi-savants, mais de donner à chacun des lumières appropriées à son état, de former de bons cultivateurs, de bons ouvriers, des hommes vertueux, à l'aide des connaissances indispensables et des bonnes habitudes qui inspirent l'amour du travail et le respect des lois. »

L'école s'ouvrit dans l'église Saint-Jean-de-Beauvais, vieille chapelle d'un collége du moyen-âge. On avait dix-neuf *moniteurs*, trois cents écoliers. A peine les classes étaient-elles commencées, qu'on entend de rudes coups à la porte. Les soldats étrangers, maîtres de Paris, venaient s'emparer de l'école ; ils attachèrent leurs chevaux aux clous qui attendaient encore dans la muraille les premiers tableaux d'écriture.

Nous allons reprendre et suivre jusqu'à la fin, sans le quitter, le fil brillant de la vie de

Carnot, parmi tous les événements auxquels il a été mêlé.

La convention cruellement blessée au 31 mai et au 9 Thermidor était demeurée indomptable; pareille à l'un de ces géants du règne végétal, qui perdent successivement leurs branches les plus fortes sous les coups de vent partis des points les plus opposés de l'horizon, mais dont le tronc toujours vivant résiste à l'assaut des tempêtes, ainsi la grande assemblée décimée avait présenté un rempart invincible à tous les efforts de l'invasion et de l'anarchie. Son œuvre était achevée; au dedans comme au dehors elle avait sauvé la patrie, elle se sépara.

La France fut appelée à faire l'essai de la constitution de l'an III. Cette constitution, à l'exemple de celle de 1793, posait la République comme un inviolable principe. Mais la constitution de 1793 avait confié le pouvoir législatif à une assemblée unique et le pouvoir exécutif à un conseil de vingt-quatre membres, tandis que la constitution de l'an III divisait le pouvoir législatif entre le conseil des anciens composé de 250 membres et le conseil des cinq-cents; elle remettait le pouvoir exécutif, à un directoire de cinq membres, nommé par le pouvoir législatif et renouvelable tous les ans par cinquième.

Carnot, sortant de la Convention, fut réélu par quatorze départements. Sa haute autorité, ses services éminents, ses quatorzes élections le désignaient pour faire partie du gouvernement. Il refusa d'abord, priant qu'on le laissât à la place paisible qui lui avait été donnée dans le conseil des anciens. La première liste des cinq membres du directoire élus par le pouvoir législatif se composait de Siéyès, Lareveillère-Lépeaux, Rewbell, Letourneur et Barras. Mais Siéyès s'excusa, « par conviction intime et certaine, disait-il, qu'il n'était nullement propre aux fonctions du directoire exécutif. » Carnot alors accepta la candidature et il fut nommé.

Les grands efforts du comité de salut public, le travail soutenu pendant dix-huit et vingt heures par jour : telle fut de nouveau la vie des hommes qui avaient accepté le gouvernement de la France.

Les directeurs firent six ministères, dont ils se partagèrent la haute surveillance et suprême direction : Carnot eut la guerre, Letourneur la marine, Barras la police, Larevellière l'instruction publique et le bureau des arts et manufactures, Rewbell les affaires étrangères. En outre ils divisèrent le territoire de la République en cinq vastes arrondissements dont chacun fut administré par chacun des cinq directeurs. Carnot, dans cette répartition, prit le Nord, qu'il connaissait à fond.

Tout était retombé dans l'anarchie, la trahison relevait la tête, Pichegru marchait sur les traces de Dumouriez. Les vaincus de Valmy, d'Hondschoote, de Wattignies, de Fleurus reprenaient confiance. La République ordonnait à Carnot de renouveler les efforts de 1793 et de 1794.

Il commença par donner le commandement de l'armée d'Italie à Bonaparte, général de l'armée de l'intérieur, qu'il avait remarqué depuis l'affaire de Toulon et qu'il avait mis dans ses bureaux. Il l'appelait familièrement « son petit capitaine. » Un jour qu'était arrivée une lettre découragée de Schérer, Bonaparte dit à Carnot : « Ah ! si j'étais là, les autrichiens seraient bientôt culbutés. » — « Vous irez » lui répondit le directeur.

Bonaparte après avoir passé quelques jours avec Carnot à régler les opérations, part pour l'Italie, annonçant en chemin qu'il va balayer les ennemis en moins de six semaines. « Qu'est-ce que ce petit rodomont ? » écrit-on de Bourgogne à Prieur, qui court tout inquiet chez Carnot. « Ne vous y trompez pas, répond celui-ci, ce petit homme est de première force et bien capable de tenir parole. »

Carnot avait déjà tracé à Schérer, dans une lettre célèbre, les grandes lignes du plan que Bonaparte promettait d'exécuter. L'Autriche devait être attaquée à la fois par l'Allemagne et par la Lombardie. Trois grandes armées n'en formant pour ainsi dire qu'une seule qui aurait eu pour aile droite l'armée d'Italie, pour centre l'armée du Rhin et pour aile gauche l'armée de Sambre et Meuse, devaient marcher de concert sur l'Autriche.

Le général d'Italie avait reçu son plan particulier que Carnot résumait en ces termes: « accabler l'empereur, affranchir l'Italie. » Comment accabler l'empereur? D'abord en le séparant du roi de Sardaigne. Carnot avait dit : « L'armée piémontaise, séparée de l'armée impériale, marche avec nous à la conquête du milanais. » Il disait encore : « agissez avec la rapidité de l'éclair...... Marchez, marchez ; point de repos funeste... Frappez et frappez vivement. » L'armée qui doit exécuter ces travaux est dénuée de tout : « L'abondance, écrit le directeur, est derrière une porte que vous devez enfoncer. »

On sait comment Bonaparte exécuta le plan qui lui avait été confié, comment il eut cette rapidité de l'éclair que voulait Carnot, comment il sépara l'armée de Sardaigne de celle de l'Autriche ; comment il traduisit dans sa proclamation : « Voici les champs de la fertile Italie, l'abondance est devant vous, sachez la conquérir ! » le mot de celui qui avait été son inspirateur et son maître.

Bonaparte libre sur ses flancs et ses derrières par la soumission du roi de Sardaigne n'avait cependant pas assez de forces pour s'engager à fond contre l'Autriche. Il demandait quinze mille hommes. Carnot lui en promet trente mille. Comme il avait en 1793 détaché une partie de l'armée du Rhin pour celle du Nord, il ordonne aujourd'hui aux généraux de Rhin-et-Moselle et de Sambre-et-Meuse d'envoyer secrètement, à marches forcées, le long de la Suisse, quinze mille hommes chacun pour Bonaparte.

Moreau se tenait prêt à exécuter cet ordre prévu. Sans ressources lui-même, dans un pays pauvre, il avait fait tous les sacrifices dont il était capable pour tenir en bon état les troupes destinées à son collègue d'Italie. Au premier signal, ses soldats sont en marche ; ils entrent chez l'ennemi, avant que l'Autriche ait reçu la nouvelle de leur départ. « O Moreau ! mon cher Fabius ! s'écrie Carnot dans un mouvement de patriotique enthousiasme que tu fus grand dans cette circonstance ! Que tu fus supérieur à ces petites rivalités des généraux qui font quelquefois échouer les meilleurs projets! Que les uns t'accusent pour n'avoir pas dénoncé Pichegru, que les autres t'accusent pour l'avoir fait, je l'ignore. Mais mon cœur me dit que Moreau ne saurait être coupable; mon cœur te proclame un héros. »

Et ce sont ces vertus, cette fraternité, cette loyauté militaires, cet esprit de sacrifice, tous ces admirables approvisionnements, toutes ces munitions inépuisables des armées de la République, que l'empire devait gaspiller et gâter pour longtemps.

Quand Bonaparte est vainqueur, Carnot lui écrit : « Recevez mes félicitations; La France, l'Europe entière ont les yeux sur vous. Vos triomphes sont ceux de la liberté...... » Il est pris, il est saisi comme un grand et généreux artiste devant le chef-d'œuvre d'un autre. Il admire. « La France, l'Europe entière ont les yeux sur vous! »

Cependant il n'est pas ébloui, il observe, il analyse encore « son petit capitaine. » Bonaparte, pour se faire valoir, exagérait les forces qui lui étaient opposées ; pour se rendre la victoire plus facile, il demandait qu'on se hâtât de livrer bataille sur le Rhin. Carnot lui répond : « nos armées ne sont pas prêtes à marcher... Elles ne sont pas comme vous dans de riches contrées..... L'état que vous nous avez envoyé de la force ennemie qui vous est opposée nous a paru d'ailleurs exagéré. »

Souvent il lui parle dans ses lettres de la patrie et de la République ; il lui présente comme la plus belle gloire celle de l'homme qui réussit à appuyer sur des fondements inébranlables les libertés de son pays ; il lui dit que les français combattent pour une cause toute pure et toute « sainte » qu'ils n'abandonneront jamais.

L'un de ses premiers soucis, après la victoire, c'est de protéger les œuvres de la civilisation et des sciences et les hommes qui s'y dévouent. Il recommande à Bonaparte d'accueillir et de visiter les savants et les artistes fameux des pays où il est. « Lorsque vous vous serez emparé de Milan, lui écrivit-il, appliquez-vous à trouver et à protéger particulièrement l'astronome Oriani. » Un autre jour il lui recommande d'honorer les moines du Mont-Saint-Bernard « hospitaliers pour toutes les nations, et de leur remettre six mille livres. » Bonaparte suit ponctuellement les indications de Carnot, et, de tous ces conseils si désintéressés et si sages, il forme cette funeste légende par laquelle nous avons été perdus.

Pendant que la guerre se continue avec des succès contraires, en Italie, sous Bonaparte, en Allemagne, sous Moreau et Jourdan, la réaction commence à préparer ouvertement à Paris la ruine des lois et de la République. Le Directoire était divisé sur la ligne de conduite à suivre, tant dans les affaires du dehors que dans celles du dedans. Rewbell et Barras entraînant Larevellière dans leur courant voulaient continuer la politique d'action, à la fois révolutionnaire et belliqueuse. Carnot soutenu de Letourneur inclinait à la conciliation et à la paix. Il se persuadait qu'il était possible de déposer les armes devant les ennemis vaincus de la République naissante. Si cette politique avait eu le dessus, elle nous eût peut-être épargné le cataclysme impérial.

Mais Carnot était en minorité dans le Directoire ; lorsque Letourneur eut été écarté par le sort, Carnot resta tout à fait seul. Nous n'avons pas à raconter ici l'histoire du 18 Fructidor, les progrès du royalisme, le Directoire sur le point d'être débordé, Barras osant enfin, avec l'aide d'Augereau, envoyé d'Italie par Bonaparte, le premier coup d'état militaire. Des soldats républicains violèrent la représentation nationale ; ils traînèrent en prison les députés du peuple qui conspiraient la ruine de ses droits. La République était vigoureusement relevée ce jour-là, sans doute ; et cependant, les voies venaient d'être ouvertes à d'autres coups d'état bien différents, ceux du 18 brumaire et du 2 décembre.

Carnot, homme de stricte légalité et soldat philosophe, ne pouvait point s'associer à l'entreprise de Barras. Il venait de se jeter tout habillé sur son lit, dans la nuit du 17 au 18 Fructidor, une heure après minuit, lorsque son frère Feulins accourt, lui dit que les grenadiers de Barras le cherchent pour s'emparer de sa personne. Les deux frères s'échappent heureusement par le jardin du Luxembourg. Après quelques jours passés sous le toit du conventionnel Oudot, Carnot put gagner la Suisse et Genève où il se cacha chez des blanchisseurs.

Des fonctionnaires trop zélés essayèrent de s'emparer de sa personne, croyant se rendre agréables au Directoire ; ils l'eussent bien embarrassé de cette illustre capture, s'ils avaient réussi. Carnot averti du péril, se déguise, avec l'aide de l'excellente femme qui lui donnait l'hospitalité. Il endosse une blouse, et, coiffé d'un bonnet de coton, un panier de linge sur les épaules, il sort de la maison au moment où les soldats arrivaient pour le prendre. Il traversa le lac au milieu d'une tempête, arriva à Coppet, puis à Nyons où il vit quelques jours après passer sous ses fenêtres le général Bonaparte qui se rendait au congrès de Rastadt. Il continua d'errer ainsi en Suisse et en Allemagne, de Berne à Augsbourg, à Nuremberg, jusqu'au 18 brumaire qui lui rouvrit les portes de la France.

L'unité de la grande existence de Carnot est dans son amour de la patrie. Il ne respirait que pour elle. Le plus désintéressé et le plus laborieux des hommes, il aida loyalement, à chaque époque, le parti qui lui parut le plus capable de sauver la France. Il appuya Robespierre, il servit Bonaparte, toujours dans l'intérêt du pays. Il fut trompé : il demeura, parmi tant de révolutions, honnête et grand citoyen.

Bonaparte, premier consul, lui envoya son collègue Lebrun, au commencement de l'année 1800, pour lui offrir le portefeuille de la guerre. Carnot savait que pour la troisième fois tout était à refaire dans l'organisation et dans l'administration de nos armées. « Nous pensons, lui dit Lebrun, que vous seul pouvez réparer le désordre et le délabrement. » Carnot accepta ; il se remit bravement au travail, aidé de son frère Feulins.

Bonaparte voulait obtenir de Moreau qui commandait en Allemagne, un nouveau sacrifice de quinze mille hommes pour renforcer son armée d'Italie. Il pria Carnot d'aller à l'armée du Rhin négocier cette affaire avec le général en chef. Il traitait alors son ancien protecteur et maître avec une cordialité particulière, mêlée d'un certain respect. Il avait bien quelquefois donné des ordres par-dessus la tête du ministre et tenté d'entraver secrètement son action, mais devant les justes observations de Carnot, il s'était replié en bon ordre, avait déclaré qu'il le laissait maître chez lui.

Après Marengo, il commença à rejeter les derniers freins qui s'imposaient à son orgueil. « Cet homme ne marche pas droit, disait alors Carnot, je ne serai plus longtemps ici. » Il donna en effet sa démission, ayant compris sans doute qu'il n'était plus nécessaire à la conduite de nos armées et qu'il n'y avait pas d'honneur à servir un homme qui marchait ouvertement à la tyrannie.

Carnot revint à ses études favorites et à ses chères occupations de famille, retiré à Saint-Omer chez les parents de sa femme. Il ne put se dérober longtemps à ses concitoyens : les électeurs du Pas-de-Calais le portèrent sur la *liste nationale* dans laquelle le sénat devait chaque année élire vingt membres du tribunat. Le Sénat fut bien obligé d'élire le grand nom de Carnot qui se trouvait sur la liste.

Dans cette assemblée misérable, Carnot fut toujours du faible groupe qui défendit sans espoir les derniers restes des libertés publiques. Il s'opposa à la création de la légion d'honneur, au consulat à vie, à l'empire.

Jugeant avec sa philosophie ordinaire notre système de récompenses nationales, il disait plus tard : « sans doute, c'est un grand avantage pour une nation de pouvoir payer avec une branche de chêne ou de laurier, avec des croix ou des rubans, les plus importants services qu'on puisse lui rendre. Mais si ces distinctions deviennent le prix de la flatterie, de l'espionnage, de services plus honteux encore, de quelle utilité pourront-elles être bientôt pour la nation ? Qui voudra se dévouer aux pénibles travaux, aux plus dures privations pour les obtenir ? Qui ira les chercher dans les camps, si on peut les ramasser à pleines mains dans une antichambre. »

A la première distribution des croix, l'empereur fit envoyer à Carnot celle de simple légionnaire, les plus hauts grades de la légion n'étaient que pour les courtisans. Carnot accepta sans témoigner d'humeur. Une autre fois, le récent empereur lui envoya par les soins de l'archichancelier Cambacerès un diplôme de comte. Le secrétaire particulier du ministre lui ayant demandé quelle réponse il devait faire : « aucune, répondit Carnot, je ne veux ni affubler mon nom d'un sobriquet, ni procurer, par un refus bruyant, aux ennemis de l'empereur, l'occasion de dire que je me sépare de son gouvernement. »

Appelé à voter l'établissement de l'empire, Carnot avait dit au Tribunat : « Je votai dans le temps contre le consulat à vie : je voterai de même contre le rétablissement de la monarchie, comme je pense que ma qualité de tribun m'oblige à le faire. Mais ce sera toujours avec les ménagements nécessaires pour ne point réveiller l'esprit de parti ; ce sera sans personnalités, sans autre passion que celle du bien public... »

Il ajoutait : « on a remarqué que de toutes les constitutions républicaines qui ont été éprouvées sans succès, il n'en est aucune qui ne fut née au sein des factions, qui ne fut l'ouvrage de circonstances aussi impérieuses que fugitives : voilà pourquoi toutes ont été vicieuses. Mais depuis le 18 brumaire, il s'est trouvé une époque unique peut-être dans les annales du monde, pour méditer à l'abri des orages... Après la paix d'Amiens, Bonaparte a pu choisir entre le système républicain et le système monarchique : il eut fait tout ce qu'il eut voulu sans rencontrer la moindre opposition... » Carnot oubliait que cela même constitue déjà l'empire. Qu'est devenue la nation quand un homme est maître d'y établir à son gré le système républicain ou le système monarchique? L'alternative n'existe plus, cet homme à lui seul est déjà tout l'État et l'on peut dire que l'empire est fait.

Carnot, comme un grand nombre de républicains de son temps, croyait encore que le 18 brumaire avait sauvé la France. « Il est vrai, continuait-il, qu'avant le 18 brumaire, l'État tombait en dissolution et que le pouvoir absolu l'a tiré des bords de l'abîme. Mais que conclure de là ? Ce que tout le monde sait, que les corps politiques sont sujets à des maladies qu'on ne saurait guérir que par des remèdes violents ; qu'une dictature momentanée est quelquefois nécessaire pour sauver la liberté... » Puis il comparait la dictature conquise au 18 brumaire avec ces dictatures légales que les romains avaient instituées pour la défense de leurs droits.

« Je vote contre la proposition, » dit-il en terminant. Après quoi l'assemblée vota l'empire. Carnot dut se rappeler plus d'une fois avec douleur les espérances qu'il avait fondées sur son « petit capitaine, » les éloges qu'il lui avait prodigués, dans les périls de la République, pour piquer son émulation, quand il lui promettait « l'immortalité, » quand il lui écrivait : « Venez jouir des bénédictions du peuple français. » N'avait-il pas été trop loin dans ces périlleux éloges ? N'avait-il point sa part de responsabilité dans le développement foudroyant de cet orgueil prodigieux? N'avait-il pas manqué de fermeté et de clairvoyance, quand il était encore l'un des puissants magistrats de la République, dont Bonaparte n'était qu'un fragile officier? Napoléon lui-même le pensait sans doute; il disait à Saint-Hélène, faisant un retour sur sa vie: « Carnot était facile à tromper. »

Il revint, selon sa coutume dans les revers de la liberté, aux lettres et aux sciences, aux mathématiques et à la poésie, aux soins de sa famille. Retiré à la Ferté-Alais, sur les bords de la petite rivière d'Essones, il s'occupait de l'éducation de ses enfants, vaquait aux soins de sa petite ferme, en feuilletant Marc-Aurèle ou Horace. Quelquefois il faisait un voyage à Paris pour assister aux séances de l'Institut. Ainsi se passèrent dans l'étude et dans l'oubli cinq années 1807-1813.

Dans les derniers jours de janvier 1813, Carnot était à la bibliothèque de l'Institut. Il lisait les nouvelles des journaux qui annonçaient la fuite de Napoléon et le passage du Rhin par les armées alliées. La fibre du soldat et du patriote frémit à cette lecture ; il se lève, parcourt d'un pas agité la salle de la bibliothèque, puis, se rasseyant, il écrit : « Sire, aussi longtemps que le succès a couronné vos entreprises, je me suis abstenu d'offrir à votre Majesté des services que je n'ai pas cru lui être agréables. Aujourd'hui que la mauvaise fortune met votre constance à l'épreuve, je ne balance plus à vous faire l'offre des faibles moyens qui me restent... Il est encore temps pour vous de conquérir une paix glorieuse et de faire que l'amour du grand peuple vous soit rendu. »

Napoléon fronça, dit-on, le sourcil à ces derniers mots, mais bientôt, se calmant : « Dès que Carnot m'offre ses services, dit-il à Clarke,

8

il sera fidèle à son poste. Je le nomme gouverneur d'Anvers. Expédiez-lui sur le champ ses pouvoirs, et dites-lui bien que je lui confie la première place de France. »

Anvers contenait alors un immense matériel militaire et maritime : huit cents bouches à feu, vingt-trois bâtiments de guerre dans ses bassins, dix-sept sur ses chantiers. C'était notre premier arsenal et notre boulevard du Nord. Les Prussiens et les Anglais marchaient à la fois pour s'en emparer. Parti de Paris le 30 janvier, Carnot traversa la Belgique, au milieu des troupes ennemies, non sans péril, et se jeta dans la place le 2 février au matin.

En nul endroit de sa vie il n'a été plus grand que dans ce siége, non pas même sur le plateau de Wattignies. Toutes ses qualités y trouvèrent l'occasion de s'exercer et de se déployer à la fois. Homme de tête et d'action, organisateur, général, officier d'artillerie, il sut à la fois combattre et gouverner. Soldat et citoyen, il remplit son devoir jusqu'aux dernières extrémités et laissa aux gouverneurs de places un admirable modèle de conduite pour tous les genres de périls et d'épreuves auxquels ils sont exposés.

En trois jours, par la vivacité et la justesse de son tir, il éteignit les feux ennemis et força les armées prussiennes et anglaises à se retirer à une distance respectueuse. Le siége se changea en blocus. Carnot continua autant qu'il était en son pouvoir la défense offensive, construisit des forts et des retranchements, dirigea plusieurs combats heureux.

En même temps qu'il tenait tête à l'ennemi, il avait à contenir une grande ville avec ses immenses faubourgs, agitée de passions contraires, divisée en plusieurs partis politiques et troublée à la fois par ses souffrances, par ses inquiétudes, et par les nouvelles qui arrivaient de l'écroulement de l'empire.

Carnot remplit tous ses devoirs avec autant d'habileté que de fermeté et de douceur. Il nourrit quinze mille pauvres, surveille et dirige des bataillons d'ouvriers de toutes les nations. Les matelots erraient dans les rues, sans solde ; des soldats mendiaient : Carnot crée une monnaie au chiffre de l'empereur vaincu, qui lui a confié son dernier arsenal. Il veut emprunter un million aux banquiers qui le lui refusent : il les fait conduire à la citadelle pour leur apprendre le patriotisme et l'honneur. Ils se rendent et prêtent le million.

Dans son *Traité de la Défense des places*, Carnot avait recommandé aux gouverneurs de soutenir autour d'eux les forces morales. Il pratique lui-même sa théorie par l'exemple, par le travail donné à tous, selon les facultés de chacun, par les témoignages publics de l'affection qu'il avait vouée à sa ville. Tenir tout le monde en haleine et animer sans alarmer, telle était sa devise.

Pour que ce siége mémorable fût un traité complet de la défense des places mis en action par Carnot, pour que nulle circonstance dans laquelle peut se trouver un commandant n'y manquât, il fallait que le gouverneur d'Anvers passât par une dernière épreuve, qu'il vît tomber le gouvernement dont il tenait ses pouvoirs et qu'il restât ainsi isolé dans sa place, au milieu d'une contrée étrangère et de l'Europe en armes, sans autre point d'appui que sa conscience.

Le 12 avril au soir un officier arrive de Paris; c'était un aide de camp du général Dupont, ministre de la guerre du gouvernement provisoire. Il porte la cocarde blanche, annonce que les Bourbons sont rétablis. Il remet à Carnot une lettre du ministre de la guerre, datée du 7, qui l'informe de l'abdication de l'empereur, lettre anti-datée, lettre fausse à ce moment, puisque l'abdication est du 11. Les dépêches, les journaux qui arrivent en même temps ou le lendemain ne parlent point d'abdication. Dans cette perplexité, que fait Carnot, que répond-il?

D'abord il ordonne que rien ne soit changé au service de la place et de la défense ; il déclare que le drapeau tricolore est et demeure jusqu'à nouvel ordre le drapeau national.

Puis il répond au ministre : 1° Nous ne pouvons regarder comme parfaitement libres des actes émanés des grandes autorités, pendant que l'ennemi est maître de la capitale ; 2° Quoique l'abdication de l'empereur soit annoncée comme certaine, nous n'en avons pas l'acte formel ; 3° En supposant cette abdication réelle, nous ne voyons pas qu'elle doive priver son fils de ses droits à la succession, ni l'impératrice de ses droits à la régence ; 4° Une grande partie des membres du Sénat paraît n'avoir pas pris part à ses délibérations ; il est possible qu'ils se trouvent réunis ailleurs et qu'ils prennent des décisions opposées ; 5° Il paraît également qu'il n'y a qu'une faible portion du corps législatif à Paris qui ait pris part à ses délibérations.

Un arrêté du gouvernement provisoire qui permettait aux conscrits de rentrer dans leurs foyers pénètre dans la place. Carnot y répond par cet ordre du jour, daté du 14 avril : « Les lois sur les déserteurs et sur les provocateurs à la désertion seront observées dans toute leur rigueur. »

Cependant les désertions commencent par en haut. Un officier supérieur se déclare ouvertement pour les Bourbons : Carnot le fait mettre aux arrêts. Le commissaire général de la police d'Anvers envoie sa profession de foi au nouveau gouvernement : Carnot le chasse de la place.

Le 16 et le 17 avril se passent dans la même situation. C'est le 18 seulement, la nouvelle étant confirmée par preuves authentiques, que le gouverneur adresse aux soldats cette proclamation : Aucun doute raisonnable ne pouvant plus s'élever... ce serait vous mettre en révolte contre l'autorité legitime que de tarder plus longtemps à la reconnaître... »

C'est ainsi que Carnot remplit jusqu'à la dernière heure son devoir envers son gouvernement et sa patrie; il sortit d'Anvers le 3 mai, à la tête de sa garnison.

Cinquante ans après (1865), la reconnaissance des habitants lui a élevé une statue à l'entrée du faubourg qu'il avait préservé de la destruction.

Après la double défaite de la liberté et de la patrie, Carnot aurait accepté des mains des Bourbons eux-mêmes un régime pacifique et tolérable. Il fit cette chose énorme qu'expliquent seuls les malheurs du temps, d'aller rendre visite au roi et d'envoyer son frère Feulins chez le duc d'Orléans. Ils en revinrent l'un et l'autre profondément blessés.

« Cette famille-là n'est point française », dit Carnot. Il se replongea dans ses livres de mathématiques.

On vit bientôt Napoléon échappé de l'Ile de l'Elbe se frayer, avec les mots magiques de liberté et de patrie, un chemin jusqu'à la capitale. Il fit appeler le vieux républicain, lui offrit le ministère de l'intérieur. Carnot accepta, persuadé qu'il avait encore des services à rendre à son pays.

Il se proposait deux tâches également impossibles : au dehors, conserver la paix, au dedans faire un empire constitutionnel. Quand Napoléon affecta de nouveau de marcher à la dictature et que l'Europe recommença la guerre, Carnot ne songea plus qu'à organiser une résistance vigoureuse.

Son plan était aussi hardi qu'habile. Si la France pouvait encore être victorieuse à ce moment, elle ne pouvait l'être que par l'adoption du plan de Carnot. L'organisateur des victoires républicaines voulait d'abord entraîner l'empereur dans un grand mouvement national comparable à celui de 92 et de 93. Il voulait ensuite organiser un vaste système défensif, armer les places de guerre et y mettre des garnisons capables de les défendre, ne livrer aux ennemis que des batailles partielles, selon l'opportunité des circonstances et des lieux ; à aucun prix, surtout, ne jouer en un jour les destinées de l'empire et de la patrie.

L'empereur repoussa cette double proposition. D'abord il eut peur de la nation armée ; il l'écarta, la refoula comme a fait l'autre en

1870. En second lieu il déclara qu'il avait besoin d'une grande bataille, que « sa politique voulait un coup d'éclat. » Il courut tête baissée à Waterloo, comme l'autre à Sedan. La politique dynastique a perdu deux fois la France.

Lorsque les Chambres législatives, après l'abdication, voulurent former un conseil provisoire de gouvernement, elles élurent d'abord, en tête de la liste, Carnot, puis Fouché, le général Grenier, Caulincourt et Quinette. Fouché qui n'avait passé que le second avec trente voix de moins que Carnot et qui dans ses quatre collègues n'avait pas un ami, reçut de leurs mains la présidence du gouvernement. Ainsi la trahison fut installée au fauteuil par quatre hommes qui la détestaient. Tel est, à de certains moments, la logique des choses humaines.

Carnot siégeait encore aux Tuileries avec ses

collègues lorsque les troupes ennemies vinrent occuper la place du Carrousel. Les membres de la commission exécutive se retirèrent et Carnot retourna à sa maison de Presles. Porté sur la liste de proscription du 24 février, il quitta la France, parcourut l'Allemagne, s'arrêta quelque temps à Varsovie, puis s'établit à Magdebourg où il mourut le 2 août 1823. Une simple pierre avec ce nom : Carnot, désigne dans un cimetière de Prusse, la place où a été enterré ce grand patriote.

Puisse l'histoire de sa vie, publiée de nouveau dans ces temps difficiles, rappeler au lecteur quelques devoirs à remplir et quelques fautes à éviter !

FIN

St-Amand (Cher). — Destenay, imprimeur breveté.

BIBLIOTHÈQUE NATIONALE R.F. IMPRIMÉS

www.ingramcontent.com/pod-product-compliance
Ingram Content Group UK Ltd.
Pitfield, Milton Keynes, MK11 3LW, UK
UKHW022029170726
13837UKWH00001B/495

9 782019 912741